KB121031

더 늦기 전에
MBA 가면 어때요?

퇴근 후 MBA에서 만난 11명의 거침없는 이야기

더 늦기 전에
MBA가면 어때요?

국승운·김준이·김성식·김태윤·문은영·민복기·
배고은·박성연·주선하·전선함·김회택 지음

원앤원북스

"네? 책을 쓰자고요? 우리가요?"

매일 회사 일에 치이고, 수업을 듣기도 벅찬 우리에게 책이라니. 처음 이 프로젝트를 제안받았을 때 저도 모르게 입 밖으로 튀어나온 말이었습니다. 누구나 버킷리스트에 책 한 권 펴내는 것은 흔하게 올라있지만, 그 시기가 지금이라니요. 아직 부족한 내가, 이렇게 빨리? 과연 할 수 있을까? 도움이 될까? 이런저런 고민이 깊어졌습니다.

"네. 책을 쓰자고요. 우리가요."

각기 다른 치열한 시간을 살아온 우리에게 유일한 공통점, MBA. 여기 모인 우리는 서로의 삶을 말하지 않아도 느낄 수 있었습니다. 각자의 개성이 너무나도 강한 우리가, 비록 사는 곳도, 직장도, 하는 업무도, 관심사도 모두 다른 우리가 나름의 목표와 계획으로 이 책을 쓰게 된 이유는 우리와 같은 고민을 하는 여러분들을 위해서입니다. 사회가 정해준 방식대로 앞만 보고 걸어온 우리가 스스로 선택해서 길을 개척해나가는 이 시기, 이때 고민했던 내용을 나눌 수 있지 않을까. 이 책은 이런 마음에서 시작했습니다.

이 책을 여는 글을 적고 있는 지금의 기분은 마치 입학을 앞둔 어린아이와 같은 마음입니다. 두근두근. 여러분이 지금 이 책을 읽고 있다는 것은 직장 생활과 학업을 병행해야 하는 새로운 도전을 앞두고 나침반이 필요하다는 이야기일 것입니다. 이 책이 여러분 각자에게 명확한 방향을 설정해줄 수는 없지만, 적어도 이 길이 틀린 길은 아니라는 확신을 줄 수 있다면 팔 할의 성공은 거두었다고 생각합니다. 그래서 최대한 다양한 직업군의 사례를 각자의 목소리로 담았습니다. 다소 투박하고 거칠게 보이더라도 마음이 느껴지는 그런 글이 되었으면 합니다.

시간이 쏜살같다는 상투적인 표현으로 이 마음을 대변할 수밖에 없을 것 같네요. 석사 과정을 밟기로 한 게 엊그제 같은데 이제는 마무리를 앞두고 있습니다. 지금의 우리에게 참 대견하다고 말하고 싶습니다. 매일 쳇바퀴를 돌듯 집과 회사를 반복하던 우리에게 MBA는 또 다른 삶의 영역을 경험하고 새로운 꿈을 찾을 수 있게 해준 갯벌과 같은 곳이었다고 감히 말씀드립니다. 아직 MBA를 경험하지 못한 분들이 보기에는 갯벌의 진흙처럼 회색빛으로 보이겠죠. 미지의 세계에서 흙 속의 진주를 찾아내는 일. 그 진주는 지식이 될 수도 있고 평생을 함께할 친구가 될 수도 있습니다.

두려워 망설이기보다는 단숨에 뛰어들 수 있기를 바라며, 이 책이 여러분에게 하나의 '용기'가 되었으면 하는 바람입니다. 그리고 이 프로젝트에 참여한 우리에게 이 책은 우리가 찾아낸 또 하나의 진주가 될 것입니다.

그럼, 내년 학교 캠퍼스에서 뵙기를 바라며.

목차

CHAPTER 1   # MBA
정말 어때요?

1장은 MBA 관련 일반적인 내용이 담기지만, 어차피 따로 검색할 정보는 최대한 삭제하고 정말 궁금했던 내용만 모았습니다.

MBA
정말 어때요?

MBA가 뭔가요?

아마 이 책을 읽고 있는 분이라면 MBA에 대해 어느 정도 알고 계시겠지만, 그래도 한 번 정확히 짚고 넘어가도록 하죠.

경영학 관련 석사 학위를 받을 수 있는 과정은 크게 두 종류로 나뉩니다. 첫 번째는 이 책에서 계속 언급할 경영전문대학원, 즉 MBA 과정을 졸업하는 것이며, 두 번째는 일반 대학원에서 경영학 관련 전공으로 졸업하는 것입니다.

두 과정의 목적과 무엇을 중점적으로 공부하는지 등 차이점을 비교하며 MBA 과정에 대해 정리해보겠습니다. 학교마다 명칭

더 늦기 전에 MBA 가면 어때요?

이 다르지만, 연세대학교의 경우 위에 말씀드린 두 가지 코스를 '경영전문대학원'과 '일반경영대학원'이라는 명칭으로 구분하고 있습니다.

실무 지식을 공부하는 MBA

MBA는 Master of Business Administration의 약자로 기업 관리 전문가를 양성하기 위한 과정입니다. 명칭에서부터 보이는 그대로 학문적인 부분보다는 기업을 관리하는 데 필요한 실무 지식을 공부하고 이를 통해 실제 경영 능력을 함양시키는 것을 목적으로 합니다. 따라서 한 분야를 깊이 있게 공부하기보다 여러 분야를 넓고 얕게 공부하는 커리큘럼이 대부분입니다. 아무래도 한 분야에 대해 깊이 있는 지식은 경영자보다는 실무자에게 필요한 역량이기 때문입니다. 이러한 특징을 이해하지 못하고 특정 분야를 깊게 공부하고자 MBA에 입학한다면 학문의 깊이에 만족하지 못하는 경우도 생기고는 합니다.

이에 반해 일반 대학원의 경영학 관련 전공 과정은 실무보다 학문적 성취를 목적으로 합니다. 각종 연구와 실험 등을 통해 유의미한 결과를 도출해내고 이를 바탕으로 논문을 작성하고 새로운 이론을 제시하는 등 일반적으로 경영학이 아닌 타 전공 일반 대학원 과정에서도 볼 수 있는 동일한 과정으로 보시면 됩니다. 타 전공과 마찬가지로 학부에서 경영학이라는 넓은 범위를 다루었다면, 대학원에서는 보다 세부적으로 본인이 전공할 영역을 선택하므로 MBA와는 다르게 철저하게 한 분야를 깊이 있게 파고드는 과정으로 볼 수 있습니다.

MBA 입학은 어떤가요?

MBA는 실무 지식 위주로 학습하며, 이런 지식은 인터넷으로 찾아볼 수 있는 사례 연구만으로 이루어지는 것은 아닙니다. 주제와 관련된 사례를 공유하면서 다양한 회사에서 실무자로 일하고 있는 원우들의 참여와 토론 등을 통해 수업의 내용이 더욱 풍성해지기 때문입니다. 이런 이유로, 학교별로 차이가 있기는 하지만, 입학 요건에 일정 기간 이상의 실무 경력을 요구하는 경우가 많습니다. 실무 경력이 많을수록 수업 시간에 더 다양하고 깊이 있는 내용을 공유해줄 가능성이 크니까요.

아무래도 실무 경력을 따지다 보니, 전반적으로 구성 인원의 평균 연령대가 일반 대학원에 비해 높은 편입니다. 현재 재학 중인 연세대학교 CMBA(Corporate MBA) 99기의 경우, 회사의 대리 말 혹은 과장 초인 30대 중후반부터 차장 말 혹은 부장 초인 40대 초반이 가장 높은 비중을 차지하고 있습니다. 학교마다, 학년마다, 지원자 모집단에 따라 구성이 상이하니 단순 참고용으로만 생각해주세요.

또 입학 지원서를 작성할 때 학부 시절의 학점, 영어 성적 등을 기재하다 보니, 주변에서 간혹 이런 항목이 중요한지 묻는 경우가 많습니다. 명확하게 이러한 요소들이 얼마나 중요한지는 알 수 없습니다만, 주변 원우들의 학점과 영어 점수를 봤을 때 특별히 중요한 요소는 아닐 거라 믿어봅니다.

일반 대학원은 보통 학부를 졸업하고 바로 입학하므로 보통은 실무 경력 등이 있을 수 없습니다. 그러다 보니 아무래도 학부의 학점이 중요할 것이며 심화 주제의 연구 등을 위해 지도 교수님의 허락을 받는 것이 중요할 것입니다.

MBA에서의 수업과 졸업

MBA는 실무자들을 대상으로 하는 만큼 모든 수업이 야간에 이루어지고 있습니다. 일반적으로 회사가 저녁 6시에 끝난다고 보고 이동 및 식사 시간 1시간을 고려해 저녁 7시에 수업을 시작하는 곳이 많습니다. 보통 3시간 수업이 이루어지며 밤 10시에 수업을 마칩니다. 밤 10시 이후에는 어떤 면에서 수업보다도 중요한 네트워킹 시간이 기다리고 있습니다.

일반 대학원은 기존 학부생과 유사하게 낮에 수업을 듣고, 학부 수업에 조교로 활동하기도 하며, 지도 교수님의 연구실에서 본인의 논문을 작성하는 등의 본업을 수행하는 등 학부 시절에 보던 조교 형, 조교 언니 들의 모습을 생각하면 될 것 같습니다.

또 MBA는 졸업을 위해서 별도로 논문이 필요 없는 경우가 많습니다. 논문 자체가 학문적인 연구를 위한 성격이 강한 만큼 실무 능력 향상을 위한 과정을 졸업하는 데는 논문이 큰 의미가 없기 때문이 아닐까 생각합니다. 그러므로 정해진 학기 동안 일정 이상의 학점을 이수하면 MBA를 졸업할 수 있습니다.

일반 대학원의 경우 학문적 성취를 위한 과정이므로 당연히 논문이 필수입니다. 어떤 면에서 논문의 작성이 목적 그 자체가 될 수 있을 정도로 중요하다고 볼 수 있습니다.

e-MBA는 뭐가 다를까?

Executive MBA를 e-MBA라고 부르고 있는데, 최고 경영자 과정으로 보면 됩니다. 커리큘럼 자체는 일반 MBA와 크게 차이가 없으나, Executive(경영 간부, 운영진)라는 단어에서 오는 느낌 그대로 재학생들의 연령대 혹은 직급에서 오는 '급'이 다르다고 합니다. e-MBA를 졸업하고 일반 MBA를 가지 않은 것을 후회한 지인도 있고, 당장 저희 중에도 경력에 대한 요건만 보고 일반 MBA와 착각해 지원할 뻔(?)한 원우가 있답니다.

어느 과정이 더 좋냐고 가를 수 있는 문제는 아닙니다. 단지 어떤 과정이 더 본인에게 적합한지 과정별 차이점을 명확히 인지하고 지원할 필요가 있습니다.

국내와 해외 MBA, 당신의 선택은?

아무래도 해외 MBA를 가는 분들은 일반적으로 해외에 정착하기 위해 혹은 해외에서의 커리어가 필요한 경우가 많지만, 국내 MBA는 직장에서의 승진 혹은 인적 네트워킹을 위한 경향이 강하므로 지원자 풀에 차이가 있습니다. 결국 이 책을 펼치셨다면 국내 MBA가 어떤지 더 궁금할 것으로 여겨지니, 굳이 해외 MBA와 상세한 비교는 하지 않겠습니다.

다만 조금이나마 고민을 하고 있다면 본인의 영어 실력을 냉정하게 평가해보세요. 지인 중에 해외 MBA를 졸업한 분이 계십니다. 토론 위주 수업이 많은 것은 국내나 해외나 비슷한지 다녀온 MBA에서도 토론 수업이 많았다고 합니다. 그러다 보니 아무래도 영어 실력이 원어민 수준까지는 아니었던 지인은 수업 내용에 대한 이해도가 떨어졌고, 그런 점이 아쉬웠다고 합니다.

이는 국내 MBA 중에서도 Global MBA와 같이 영어 위주로 수업하는 MBA에 지원할 때도 고민해봐야 할 부분이기도 합니다. 필진 중에도 마지막까지 100% 영어로 진행되는 국내 MBA 과정과 고민하다가 결국 이곳에 입학한 원우가 있습니다. 그 원우는 1년에 한 번 원어민 강의를 들으며 Global MBA에 입학하지 않은 것을 굉장히 다행으로 생각했다고 하네요.

MBA는 왜 시작했어요?

지원 동기는 모두 각자 다를 것입니다. 막연히 MBA에 가고 싶은데 남들은 왜 지원하는지 궁금하기도 할 거고요(저도 그랬거든요). 그래서 주변 원우들의 일반적인 지원 동기를 물어봤습니다.

여러 원우의 답변을 들어보니 특별히 개인적인 사유를 제외하면 대표적인 몇 가지로 압축되었습니다. 크게 ① 경영학에 대한 학습, ② 학사에서 석사로의 최종 학력 상승, ③ 기존 커리어의 강화 혹은 현재와는 다른 커리어로의 전환, ④ MBA 내에서의 인적 네트워킹, ⑤ 오랜 회사 생활로부터의 리프레시 정도였어요.

1 | 경영학에 대한 학습

먼저 경영학에 대한 학습은 MBA의 메인 콘텐츠면서, MBA라는 코스가 존재하는 이유 그 자체입니다. 아무래도 회사에 다니면서 무언가 새로운 영역을 학습하기란 쉽지 않기 때문에 현재 맡은 업무에만 몰입하기 쉽고, 그러다 보면 시야가 좁아질 수밖에 없습니다. 이런 이유로 MBA에 지원해 여러 분야에서 모인 원우들과 함께 학습하고 교류하면서 다시금 시야를 넓히는 기회로 활용할 수 있습니다. 또한 경영학 자체가 회사가 운영되는 과정에 필요한 다양한 영역을 다루고 있으므로 본인의 업무 외적인 부분에 대해서도 이해할 수 있도록 도와주기 때문에 MBA에 지원한다고 합니다.

2 | 학사에서 석사로의 최종 학력 상승

다음은 학사에서 석사로 최종 학력이 상승한다는 점입니다. 실무자 급에서는 학사가 석사로 바뀐다고 해서 특별한 혜택이 있다고 생각되지는 않습니다만, MBA에서 함께 수학하고 있는 원우들을 보면 학력에 대한 인식이 조금 다르더라고요. 본인의 사업을 운영하는 대표 혹은 회사 내에서 높은 직급에 있다면 이러한 타이틀이 굉장히 중요하게 여겨진다고 합니다. 또한 회사에 다니면서 석사 타이틀을 획득할 수 있는 코스는 MBA 과정이 유일하므로 지원자들이 항시 북적일 수밖에 없는 것 같습니다.

3 | 기존 커리어의 강화 혹은 현재와는 다른 커리어로의 전환

커리어와 관련해서는 주로 경영 지원 부문에서 근무하는 분들에게 해당합니다. 본인의 이력에 MBA라는 타이틀을 추가하는 것이 업무에 대한 전문성의 근거로 활용될 수 있다는 점에서 가치가 있다고 평가합니다.

반대로 현재 수행하는 업무와 다른 업무로 옮기려는 경우, MBA라는 타이틀을 새로운 업무로 옮기기 위한 발판으로 활용할 수 있습니다. 예를 들어 현재 영업 직무를 담당하고 있는 와중에 마케팅 직무로 전향을 원한다면 관련 지식을 공부하는 것은 기본입니다. 여기에 추가로 본인을 어필해야 한다면 MBA라는 타이틀이 객관적 근거로 활용될 수 있습니다.

4 | MBA 내에서의 인적 네트워킹

인적 네트워킹은 MBA에서 가장 강조되는 장점이자 보편적인 지원 동기 중 하나입니다. 어디를 가더라도 이만큼 다양한 회사와 직무를 가진 사람들을 모아놓은 단체는 찾기 어렵습니다. 서류와 면접이라는 절차를 통해 학교에서 한 번 더 확인해준 인재의 요람이죠. 또한 MBA라는 힘든 과정을 함께하며 동기라는 유대 관계가 생기므로 더 호의적이고 열린 마음으로 서로를 대하기 때문에 네트워킹에 유리한 분위기가 형성됩니다.

5 | 오랜 회사 생활로부터의 리프레시

리프레시도 무시할 수 없는 부분입니다. 힘든 과정이라면서 무슨 리프레시냐고 생각할 수도 있습니다. 하지만 MBA는 회사 밖에서의 활동이기에 신기하게도 회사 생활에 대한 리프레시 효과를 제공합니다. 당연히 MBA가 너무 힘든 시점도 찾아옵니다. 그럴 때는 어떻냐고요? 오히려 회사가 MBA에 대한 리프레시 효과를 제공해줍니다. 오히려 회사 업무가 재미있는 상황도 찾아오더라고요. 이래저래 리프레시 효과를 느끼고 싶다면 한 번 고민해보세요.

이런 지원 동기들이 너무 보편적으로 느껴지나요? 특별한 이유를 찾고 싶다고요? 하지만 의외로 주변의 이야기를 들어봐도 이 정도의 지원 동기가 대부분이었습니다. 복잡한 생각이나 거창한 지원 동기를 찾기보다는 관심이 있다면 우선 MBA에 지원해보는 것은 어떨까요? 무엇을 상상하건 그 이상의 의미 있는 시간이 되리라 생각합니다.

MBA 어디로,
어떻게 준비하나요?

어디로 준비할까요?

국내에도 꽤 많은 MBA가 있습니다. 어느 학교로 갈지는 우선시
하는 가치에 따라 다를 것이기 때문에 마땅한 답이 없다고 생각
합니다. 개인적인 선호, 인지도, 학비, 평가 순위, 커리큘럼, 접
근성 등 어떤 것을 우선하느냐에 따라 결정이 달라집니다. 당장
저만 해도 합격한 MBA 중 인터넷의 특정 평가상으로는 순위가
높은 MBA를 포기하고 지금의 학교를 선택했습니다. 평가 기준

성균관대학교 MBA
(서울 종로구 성균관로 25-2)

고려대학교 MBA
(서울 성북구 안암로 145)

연세대학교 MBA
(서울 서대문구 연세로 50)

카이스트 MBA
(서울 동대문구 회기로 85)

이화여자대학교 MBA
(서울 서대문구 이화여대길 52)

동국대학교 MBA
(서울 중구 필동로1길 30)

세종대학교 MBA
(서울 광진구 능동로 209)

서울과학종합대학 MBA
(서울 서대문구 이화여대2길 46)

서강대학교 MBA
(서울 마포구 백범로 35)

건국대학교 MBA
(서울 광진구 능동로 120)

중앙대학교 MBA
(서울 동작구 흑석로 84)

한양대학교 MBA
(서울 성동구 왕십리로 222)

그 외 MBA

숙명여자대학교 MBA
(서울특별시 용산구 청파로47길100)

인하대학교 MBA
(인천 미추홀구 학익동 253-3)

서울대학교 MBA
(서울 관악구 관악로 1)

전남대학교 MBA
(광주광역시 북구 용봉로 77)

▲ 서울 MBA

더 늦기 전에 MBA 가면 어때요?

이 보편적이지 않을 수도 있을뿐더러 평가 순위가 일반적으로 학생들이 체감하는 학교의 가치와 같지는 않기 때문입니다. 누군가에게는 제출된 논문 수가 많은 학교보다 새로 지은 깔끔한 건물을 가진 학교가 더 높은 가치를 제공할 수도 있겠죠.

다만 MBA에 입학하고 나서 모두가 학교를 선택할 때 "고려하길 잘했다." 혹은 "고려할 걸 그랬다."라는 공통적인 요소가 하나 있습니다. 그건 바로 접근성, 즉 학교의 위치입니다. 2장을 읽어 보면 알겠지만, 각자 따로 작성했음에도 하나같이 접근성을 강조합니다. 아무래도 서울에 많은 수의 MBA가 몰려 있다 보니 서울에 있는 MBA의 위치를 표시한 지도를 참고할 수 있게 실었습니다. 회사 혹은 집과의 위치를 고려해 MBA를 선택하는 데 도움이 되길 바랍니다.

개인적으로 고민했던 과정 중 하나는 온라인과 오프라인을 결합한 하이브리드 방식의 MBA입니다. 하이브리드 방식의 MBA는 학교에 가는 시간이 애매한 직장인들에게 인기가 많은 과정입니다. 저도 MBA에 지원 서류를 제출하는 시점에 고민했던 기억이 나네요. 당시에는 실제로 학교에 가서 수업을 수강하는 편이 몰입도가 높을 것으로 판단해서 선택하지 않았습니다.

하지만 최근 코로나19로 촉발된 상황으로 인해 오프라인으로 수강하던 과정들 역시 화상 강의 등으로 대체하고 있습니다. 어차피 온라인으로 모든 강의를 들을 것이라면 굳이 오프라인 과정을 고집할 필요가 없습니다. 더불어 온라인과 오프라인이 결합한 과정은 오프라인 과정과 비교해 학비가 상대적으로 저렴한 경우도 있습니다. 상황에 따라 유리한 선택이 될 수도 있겠죠. 물론이는 단순히 학습에만 초점을 맞춘 내용이므로 그 외의 요소에 대해서는 각자 상황에 맞게 고려할 필요가 있습니다.

하이브리드 MBA 과정 졸업생과의 인터뷰

해당 과정을 졸업한 지인과 간단한 인터뷰를 진행했습니다. 약간의 각색이 있다는 부분을 미리 말씀드립니다.

Q. 하이브리드 과정을 지원한 이유가 무엇인가요?

회사 업무상 퇴근 후 7시까지 학교에 가는 것이 불가능했어요. 퇴근 시간이 지나도 끝나지 않는 회의부터 퇴근 후 이어지는 회식까지 변수가 너무나 많았거든요. 하지만 전 MBA 과정에 욕심이 있었기 때문에 늘 관심을 가졌어요. 그러던 중 하이브리드 과정을 알게 되어 지원하게 되었습니다. 더불어 상대적으로 저렴한 학비도 선택한 이유 중 하나고요.

Q. 수업은 어떤 방식으로 진행되나요?

학교마다 다르겠지만 제가 졸업한 과정은 기본적으로 평일 녹화 강의로 학습했습니다. 녹화 강의이므로 주중에 가능할 때 정해진 분량을 학습하면 되니 시간 관리에 용이했어요. 또한 과목별로 학기당 일정 횟수의 실시간 화상 강의를 포함하고 있어 질의응답 등이 가능하다는 장점도 있었죠. 토요일에는 학교에 모여 하루 종일 오프라인 강의를 진행했습니다.

Q. 온라인으로 학습하는 데 무리는 없나요?

개인적으로는 온라인으로 강의를 듣는 데 거부감이 없어서 하이브리드 과정에 지원했고, 그 덕에 무리 없이 수강할 수 있었어요. 스스로 학창 시절 온라인 수업에 집중했는지를 떠올려보세요. 자신의 의지로 수업 당일마다 3시간씩 온라인으로 수업을 들어야 하므로 아무래도 오프라인 강의보다 밀리기 쉽습니다. 이런 부분을 스스로 관리할 수 있을지도 고려해보세요.

Q. 평일 온라인 수업이면 네트워킹에 제약이 있지 않나요?

아무래도 공식적으로 만나는 횟수 자체는 적어요. 하지만 일주일 중 토요일 하루만 오프라인 수업을 하기 때문에 거의 모든 원우가 그날의 스케줄을 비워두고 네트워킹 자리에 참석하는 편이었습니다. 개인적으로 네트워킹이 부족하다고 느끼지는 않았어요. 또한 동호회 등의 활동도 활발하므로 개인의 의지에 따라 오프라인 횟수의 제약은 얼마든지 극복할 수 있습니다.

어떻게 준비해야 할까요?

자신의 기준과 학교 위치 등을 참고해 지원할 학교 리스트를 추렸다면 학교별 모집 요강을 확인합니다. 그리고 본인이 지원 조건에 부합하는지를 꼼꼼히 검토합니다. 모집 요강은 시기에 따라 변동될 가능성이 있고 애매한 표현들이 있어 각 MBA 홈페이지에 직접 들어가서 확인하기를 추천합니다. 어떤 애매한 표현이 있는지 살펴보기 위해 몇몇 학교의 재직 경력에 대한 지원 요건을 비교해보겠습니다.

1. 현재 재직 중인 자(경력년수에 대한 제한은 없음)

2. 만 2년 이상 직장 근무 경력자이면서 현재 재직 중인 자

3. 산업체 또는 기관 재직자여야 하며, 근무 경력 5년 이상인 자를 선호함

4. 2년 이상의 경력자 또는 재직 중인 자

5. 기업체 등 직장 재직 또는 경력자

모아놓고 보니 전반적으로 앤드(AND)와 오어(OR)의 조건들이 섞여 있습니다. 3번 항목의 '선호함'이라는 표현은 5년 이상이어야 된다는 것인지 5년 이상이면 가산점을 준다는 것인지도 애매합니다. 또 5번 항목은 '재직 또는 경력자'인데, 경력자라면 다른 학교와는 달리 재직 중일 필요는 없고 재직한 적이 있으면 된다는 것인지도 애매합니다.

이렇듯 지원 요건은 명확하게 구분하기 어려운 점이 있습니다. 또한 학교별로 특화하고 있는 과목에 따라 MBA의 종류도 워낙 다양하므로 이와 관련해서는 직접 홈페이지 및 행정실을 통해 확인하는 편이 좋습니다.

그 외에 고려할 만한 사항들을 함께 알아보죠.

1 | 풀타임인지 야간인지 확인한다

당연한 이야기지만 회사에 다니면서 풀타임 MBA를 다니는 것은 불가능합니다. 물론 간혹 회사의 지원을 받고 2년간 유급으로 회사를 쉬면서 풀타임 MBA를 다니는 분들도 있습니다. 다만 매우 예외적인 경우이므로, 회사원이라면 일반적으로 야간에 진행되는 MBA에 지원합니다.

학교마다 야간 MBA를 표기하는 방식에는 조금씩 차이가 있습니다. 그래서 각 학교의 홈페이지를 직접 방문해 확인하는 과정이 필요해요. 다음 페이지 자료를 보면 좀 더 쉽게 이해할 수 있습니다. 예를 들어 연세 Corporate MBA는 "강의 시간 19시-22시"라고 적어놔 야간 MBA임을 알립니다. 반면 연세 Global MBA 과정에서는 "주간과정"이라고 적어놔 야간 MBA가 아님을 확인할 수 있습니다.

카이스트 MBA의 홈페이지를 볼까요? (역시 다음 페이지 자료를 참고해주세요.) 카이스트의 Professional MBA의 경우 "야간 MBA 과정"이라고 명시되어 있습니다. 하지만 테크노MBA의 경우 "전일제 과정"이라고 명시되어 있네요. 야간 MBA는 아니라고 할 수 있죠.

Corporate MBA

미래의 CEO를 꿈꾸는 중간 관리자를 위한
Part-time MBA (경영학 석사 학위) 과정

Corporate MBA는 다년간 실무에서 경험을 쌓은 중간관리자들에게 자신의 경영 자질을 한 단계 향상시킬수 있도록 탄탄한 커리큘럼을 제공하고 있습니다. 한글 과정으로 2년(4학기) 이수하면 MBA학위를 취득할 수 있게 되며, 엄격한 학사관리로 운영되고 있습니다.

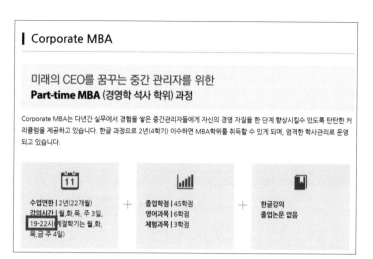

수업연한 | 2년(22개월)
강의시간 | 월,화,목, 주 3일,
19-22시 (계절학기는 월,화,
목,금 주 4일)
　　+　　졸업학점 | 45학점
영어과목 | 6학점
체험과목 | 3학점
　　+　　한글강의
졸업논문 없음

▲ 연세 Corporate MBA

Global MBA

세계 우수 인재를 위한
Global 교육 환경

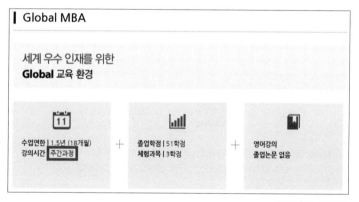

수업연한 | 1.5년 (18개월)
강의시간 | 주간과정
　　+　　졸업학점 | 51학점
체험과목 | 3학점
　　+　　영어강의
졸업논문 없음

▲ 연세 Global MBA

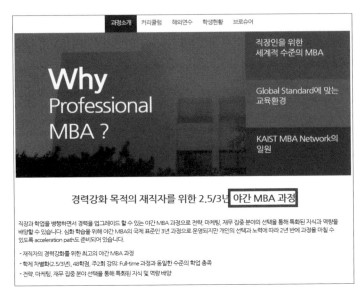

▲ 카이스트 Professional MBA

▲ 카이스트 테크노MBA

더 늦기 전에 MBA 가면 어때요?

2 | 회사 재직 여부 및 기간 요건을 확인한다

학교별로 MBA 지원 시 회사 재직 여부 및 기간에 대한 요건은 차이가 있습니다(앞서도 잠깐 이야기했지만요). 예를 들어 연세대학교 Corporate MBA 지원 자격을 보면 "만 2년 이상 직장 근무 경력자이면서 현재 재직 중인 자"라고 명시하고 있습니다. (다만 회사에 재직 중이다가 합격 후 다니던 중 회사를 그만두는 것은 상관없는 것 같습니다.) 또 고려대학교 Korea MBA 지원 자격을 보면 지원서에 경력을 기재하지 않았으면 별도로 서류가 필요치 않음을 확인할 수 있습니다.

■ **지원자격**

1. **학사학위 소지(예정)자**

2. **경력**

- Corporate · Finance MBA : 만 2년 이상 직장근무 경력자이면서 현재 재직 중인 자
- Executive MBA : 만 10년 이상 직장근무 경력자이면서 현재 재직 중인 자를 원칙으로 함

■ **전형 방법 및 제출 서류**

1. **전형 방법**

- 1차 : 서류심사
- 2차 : 면접시험(서류심사 합격자에 한함)

2. **제출서류**

- 입학원서 1부
- 대학교 졸업(예정)증명서 1부 (원서접수 시작일 기준 2개월 이내 증명서만 유효)
- 대학교 성적증명서 1부 (원서접수 시작일 기준 2개월 이내 증명서만 유효)
- 재직증명서 1부 (직급 및 경력년수 포함, 원서접수 시작일 이후의 증명서만 유효)
- 경력증명서 각 1부 (과거 직장 경력, 경력년수 포함, 증명서가 없는 경력은 인정되지 않음)

※ 현 직장에만 재직한 경우, 재직증명서에 입사일자가 기재되어 있으면 경력증명서는 제출할 필요 없음

▲ 연세대학교 Corporate MBA

필수 제출서류

- ① 입학원서 1부
  - 인터넷접수 후 출력/ 출력 시 업로드한 사진 안 나올경우 사진 부착/ 수험표는 면접 시 지참
- ② 대학교(원) 졸업증명서 또는 졸업예정증명서 1부
  - 해외대학 졸업자: 아포스티유 확인서 또는 출신학교 국가 주재 한국영사(또는 주한공관 영사)확인
  - 단, 중국대학은 중국 교육부 운영 학력, 학위 인증센터 발행 학위 인증서
- ③ 대학교(원) 성적증명서 1부
  - 해외대학 졸업자: 영문성적증명서 또는 국문(또는 영문)번역 공증본
  - 해외대학 졸업자 중 성적 평가기준이 국내대학과 상이한 경우, 성적 산출 근거자료 제출
- ④ 추천서 1부
  - 분량 제한 없음
  - 서명 또는 날인된 원본을 별도 봉투에 봉해서 제출

  📄 HWP(국문 양식)　　📄 DOC(국문 양식)　　📄 DOC(영문 양식)

- ⑤ 재직 또는 경력증명서(재직기간 명시) 1부
  - 지원서 상에 경력을 기재한 경우 필수 제출
  - 총 경력년수 증명을 위하여 전 직장 경력증명서도 함께 제출
  - 경력증명서는 건강보험자격득실확인서로 대체 가능
- ⑥ 각 지원자의 소속회사 소개서
  - A4 1장분량, 연 매출액/종업원수를 포함한 자유양식

▲ 고려대학교 Korea MBA

　　이렇듯 본인의 경력으로 지원 가능한 MBA는 어디인지 확인하는 절차가 필요하며, 추가로 어떤 구성원들로 이루어진 곳에서 공부하고 싶은지도 생각해 지원하는 전략도 필요합니다.

3 | 각종 필요 서류를 확인한다

기본적인 서류의 준비는 큰 문제가 없을 것 같습니다. 따라서 평소에는 딱히 필요 없지만 MBA 지원 시에는 필요한, 준비 과정에서 어려움을 느낄 수 있는 서류들을 이야기해보려고 합니다.

우선 추천서가 있습니다. 아무래도 회사의 높은 분께 추천서를 받아야 할 것 같은 느낌이 있기 때문입니다. 임원이 아닌 팀장님께 요청드린 원우도 있었는데, 오히려 본인이 이런 것(?)을 써도 되냐며 난감해하시는 일도 있었습니다. 연세대학교 Corporate MBA의 경우 추천자 본인이 작성 후 봉투에 넣어서 밀봉하지 않으면 무효라는 조항도 있어 더 부담을 느끼셨을지도 모르겠습니다. 하지만 학교별 지원 홈페이지에서 지원서 양식을 다운받을 수 있어, 양식과 함께 추천서를 요청드리면 대부분 흔쾌히 작성해주십니다. 시간 여유를 두는 것도 잊지 마시고요.

다음으로 자기소개서입니다. 언제나 그렇듯 작성하는 데 시간이 많이 소요되는 서류이기도 합니다. 물론 회사에 입사할 때의 자기소개서만큼 길게 작성해야 하는 것은 아닙니다. 굉장히 짧게 작성한 원우들도 있으니 자기소개서에 대한 부담은 조금 내려두셔도 되겠습니다.

의외로 문제가 되거나 질문하는 부분이 바로 영어 점수입니다. 아무래도 회사 입사 후에는 특별한 이벤트(이직, 진급 심사 등)

가 없는 이상 영어 점수가 필요 없으니까요. 영어 점수 자체가 없는 경우도 많습니다. 또한 TOEIC Speaking과 OPIc 등 학교별로 인정하는 기준이 다르므로 꼭 확인해야 합니다.

저 역시도 급작스럽게 MBA에 지원했던지라 학교에서 인정하는 영어 점수를 준비하지 못했습니다. 어쩔 수 없이 자기소개서를 통해 과거에 받았던 영어 점수를 언급하거나, 인정되지 않는 영어 점수를 '무데뽀'로 제출하며 서류 전형을 진행할 수밖에 없었죠. 다행히도 서류에서 탈락한 학교는 없었습니다.

물론 영어 면접이 있으므로 기본적인 영어 실력은 필요합니다. 다만 기본적인 영어 실력만 있다면 영어 점수가 없다고 해서 크게 스트레스를 받을 필요는 없지 않을까 조심스럽게 생각해봅니다.

4 | 회사의 지원 제도를 확인한다

MBA의 가장 큰 진입 장벽 중 하나는 아무래도 학비입니다. 학비도 학교별로 차이가 있겠으나, 전 과정을 오프라인으로 진행하는 MBA의 경우 일반적으로 학기당 1천만 원 정도의 학비가 필요합니다. 솔직히 MBA 과정을 위한 시간 혹은 노력 외에도 금전적인 부분 역시 부담스러운 것이 사실입니다.

MBA에 입학해보니 많은 회사가 MBA에 대한 지원 제도를 운영하고 있더군요. 물론 회사별 지원 대상 선별 요건 혹은 지원 조건은 다릅니다. 하지만 MBA 지원을 고려하고 있다면 무작정 자비로 지원하기 전에 인사팀 등을 통해 한 번쯤 알아보면 좋은 기회를 얻을 수도 있습니다. 실제로 회사에 MBA 지원 제도가 없어 본인이 직접 계획서 등을 제출하고 승인을 받아 사내에서 첫 번째 MBA 학비를 지원받은 케이스도 있으니까요.

5 | 내가 정말 다닐 수 있을지 확인한다

회사 일과를 마치고 최소한 주 3일 이상을 투자한다는 것은 생각보다 쉬운 일이 아닙니다. 과제 혹은 기타 활동 들을 다 제외하더라도 말이죠. 본인의 체력 외에도 회사(혹은 부서)와도 어느 정도 협의가 되어야 하고, 가족들과도 협의가 필요합니다. 장기 레이스인 만큼 이런 점들을 충분히 고민해보고 지원하는 것도 굉장히 중요합니다.

"라떼는 말이야~"의 MBA 버전입니다. 개인적인 수기지만 MBA 지원을 고려하시는 분들은 술자리에 서 듣는 이야기처럼 재미있을걸요?

CHAPTER 2

퇴근 후 MBA에서 만난
11명의 거침없는 이야기

새로운 길과 비전을 제시하는 롤 모델

국승운 원우

올해로 직장 생활이 20년이 되었네요. 신입 사원으로 입사해 주임, 대리, 과장, 차장을 거쳐 어느덧 부부장이라니. 안정적인 직장과 직급, 비교적 높은 연봉 덕분에 별 부러운 것 없는 삶을 살아왔다고 생각했는데 문득 드는 이 허탈함은 뭘까요?

다시 신입 사원 시절에 품었던 저의 포부와 비전을 꺼내 봅니다. 지금 제가 만족하고 사는 삶의 모습보다 훨씬 더 원대하고 다이나믹했네요. 그래요, 그땐 해외 MBA가 하고 싶었고, 증권사나 종합상사 같은 곳으로 이직하고 싶은 생각도 있었습니다. 불

더 늦기 전에 MBA 가면 어때요?

가능한 목표에 도전하고 성취하며 성장하고 싶었던 젊은 시절이 그리워집니다. 당시에는 40대에는 드라마에 나오는 잘 나가는 실장님들처럼 되어 있을 거라고 기대하면서 마냥 즐거워했습니다. 복권에 당첨되기도 전에 당첨될 것이라는 부푼 기대와 당첨금 사용 계획을 세우면서 그저 행복해하듯이 말이죠.

40대 중반, 회사의 중간관리자, 그리고 앞으로 남은 직장 생활 10년… 고민이 많아졌습니다. 현재의 삶도 만족스럽고 행복하지만, 지금 뭔가 하지 않으면 10년 뒤의 제 모습에 실망할 것 같은 불안한 마음이 들었기 때문입니다. 그런 절박함이 새로운 도전인 MBA를 하게 만들었습니다.

더불어 직장 후배들에게 새로운 길과 비전을 제시해주고 싶었어요. 편안한 삶을 잠시 뒤로하고 한 번 더 부스터 샷을 통해 아무도 가지 않은 길을 먼저 개척해가는 사람이 되어 후배들에게 롤 모델이 되고 싶은 바람이 있었습니다. 후배들 스스로 변화와 도전에 대한 열정이 가슴속에서 뜨겁게 타오르길 바라면서 진심 어린 멘토링을 하기도 했죠. 요즘 후배들은 저를 보며 배움을 주는 선배라고 말하며, 자신들에게 큰 동기부여가 되고 있다고 합니다.

MBA, 그리고 컨버전스

컴퓨터공학 전공자로서 항상 조직관리 및 경영학에 대한 갈증이 있었습니다. 특히 부서의 상위 관리자가 되고 보니 더욱더 조직 관리의 어려움을 느꼈어요. MZ세대 직원들은 세대교체를 예고하며 밀물처럼 들어오고, 기성세대 직원들은 본인들이 하는 일에 대한 가치 부여나 성과 평가에 불만이 생기며 점점 개인주의로 변해갑니다. 이런 구성원들을 합리적으로 관리하기 위한 체계적인 지식과 경험이 필요했어요. MBA 과정을 통해서 그 답을 찾아가고 있습니다.

조직관리, 인사관리, 재무회계, 관리회계, 글로벌경영전략 등 MBA에서 듣는 강의는 흥미롭고 다채로운 내용으로 가득했습니다. 새롭게 접하게 되는 이슈를 경영자 입장에서 고민하고 토론하니 제가 바라보는 세상의 영역이 넓어지고 깊어졌어요.

컨버전스(Convergence, 융합)가 중요해지는 세상입니다. 미술 전공자가 경영을 하면 창의적인 결과를 만들 수 있지 않을까요? 회계보다 디지털과 AI가 더 익숙한 ICT 전공자가 경영을 하면 어떤 컨버전스가 나올까요? 궁금했습니다. 그 결과는 앞으로 몇 년 뒤에나 확인할 수 있겠지만, 무한한 가능성에 도전하고 싶다면 전공에 관계없이 MBA 도전을 권하고 싶습니다.

우물 안에서 나간 개구리

늘 최선의 노력을 다해서 일해왔던 만큼 회사에서 인정받았고 스스로 최고라는 생각으로 직장 생활을 해왔습니다. 그런데 세상에나…. 저는 우물 안 개구리였어요. MBA를 하면서 다양한 회사와 직종에 근무하는 동기들을 알게 되었는데 얼핏 보면 저와 별반 차이가 없는 것 같았지만 알고 보면 아주 달랐어요. 회사도, 하는 일도, 생각하는 방식도 모두 달랐습니다. 각자 살아온 방식과 삶의 목표가 다양했어요. 전 이런 다채로운 경험을 소유한 동기들과 생각을 나누고 함께 토론하는 시간이 정말 값지게 느껴졌습니다. 그 무엇을 주고도 얻지 못할 소중한 경험이었죠.

모두가 그렇듯 각종 회의와 보고 및 결재를 마치고 나면 벌써 퇴근할 시간입니다. 이전에는 직장 동료들과 한잔하며 매번 반복되는 회사 이야기로 하루를 마감했는데, 지금은 다양한 회사의 이야기와 그곳에서 일하는 사람들과 살아가는 이야기를 주고받으면서 제가 바라보는 세상과 삶의 영역이 넓어지고 있다고 느낍니다. 이런 시간을 차곡차곡 쌓아가다 보니, 요즘 행복하다는 말을 많이 하게 되네요.

MBA 학교를 선택한 세 가지 기준

제가 학교를 선택할 때 세운 기준은 다음의 세 가지였습니다.

첫 번째, 어떤 사람들이 많이 오는지를 확인했습니다. 평균 연령 39세, 평균 경력 11년으로 42% 정도가 차장 및 부장(직급은 회사마다 상이) 직급이었어요. MBA는 다양한 실무 경험을 쌓은 학생들이 서로 지식을 공유하고 다채로운 팀워크 활동을 통해 학습 시너지를 높이는 기회의 장이기 때문에 멤버 구성이 중요하게 느껴졌습니다. 물론 지금 충분히 만족하고 있습니다.

두 번째, 해외 유수 대학에서 학위와 강의 경험이 있는 최고의 교수진입니다. 대부분의 교수님이 하버드대, 스탠퍼드대, 컬럼비아대, MIT 등에서 강의한 경험이 있으셨죠. 〈하버드 비즈니스 리뷰〉를 분석하고 토론하며 다양한 결론을 이끌어가는 과정을 통해 자부심이 생겼습니다.

세 번째, 직장에서의 접근성입니다. 연세대는 직장에서 가까운 곳에 있을 뿐 아니라 수업이 끝난 후에 신촌이라는 감성 넘치는 장소에서 동기들과 토론의 꽃을 피울 수 있었어요. 함께 나누었던 많은 이야기와 차곡차곡 쌓이는 추억들이 새록새록 떠오르네요.

더 늦기 전에 MBA 가면 어때요?

짜릿함을 선사했던 MBA 수업

여러 수업을 통해 배움을 얻었고 치열한 토론을 통해 경험도 쌓았지만 가장 기억에 남는 수업은 '비즈니스 게임을 사용한 의사결정'입니다. 5명이 한 조로 기업 경영자가 되어 시뮬레이션 프로그램을 이용해서 10년간 회사를 경영하는 과목인데요. CEO, CCO, CLO, CMO, CFO 각자의 역할에 맞는 전략을 세우고 분석하며 다른 기업과 시장의 경쟁우위 확보, 영업이익, 주주가치 제고를 위해서 고군분투했죠. 매년 다른 기업과 비교되는 우리회사의 성장을 보면서 문제점이 무엇인지 돌파구는 어디에 있을지 찾기 위해 여러 가지 가설을 세우며 고민하며 해결했던 기억에 지금도 짜릿함을 느낍니다. 그때 함께했던 멤버들은 아직도 저를 사장님이라고 불러요.

MBA 과정에서 잃은 것과 얻은 것

MBA를 하면서 무엇이 힘들었냐고 많이 물어봅니다. 주경야독? 어렵게 느껴지지만 그렇지 않았습니다. 오히려 어려운 것은 직장 내 인맥 관리였어요. 일 때문에 수업에 참석하지 못하거나 과제를 하기 어려운 적은 없었습니다. 반대로 학교 때문에 직장 생활에 약간의 어려움이 생겼어요. 예를 들어 오늘 학교에 가야 하는데 갑자기 거절하기 어려운 윗분이 한잔하자고 하면 어떻게 하시겠어요? 주 3일 학교에 가야 하고, 대부분 하루는 사적 모임이 있다 보니 직장 사람들과 이전처럼 저녁 시간을 자유롭게 함께할 수 없었습니다. 다시 말해 직장 내에서 인맥 관리가 소홀해질 수 있으므로 좀 더 신경을 써야 해요.

MBA를 다니면서 비용에 대한 문제도 있죠. 하지만 학비, 밥값, 술값에 드는 단돈 1원도 아깝지 않았습니다. 아무리 좋은 혜택을 준다고 해도 현재의 조합을 만들 수가 없다고 보니까요. 본인이 오고 싶다고 해서 올 수 없기도 하지만 원우들 모두 자발적으로 MBA 과정을 하고 있기 때문이죠. 저는 이런 멋진 사람들과 함께 공부한다는 것에 매우 큰 자부심을 느끼고 있습니다. 지금 이 순간도 매우 자랑스러워요.

MBA를 하면서 덤으로 얻은 게 있습니다. 아빠가 공부하는 모습을 보면 자연스럽게 아이들도 공부하게 된다는 것입니다. 그래서 자녀가 있는 분들은 반드시 MBA를 하라고 권하고 싶네요.

저를 보면서 주변인들이 MBA에 지원을 많이 했습니다.

그들에게 묻습니다. 왜 갑자기 MBA를 지원했는지.

더 늦기 전에 MBA 가면 어때요?

그들은 이렇게 말합니다. "너무 행복해 보입니다."

요즘 제가 행복해 보인답니다.

직장도, 학교도, 가정도 행복이 가득합니다.

혹시 망설이고 있다면 절대 주저할 것 없어요.

MBA를 하면서 더욱 행복해지는

당신을 곧 발견할 테니까요.

다양한 경험을 위한
자기관리의 중요성

김준이 원우

저는 제약업계에서 일하고 있습니다. 외향적인 성격인 저와 잘 맞을 거라는 친형의 조언을 들었죠. 첫 회사로 국내 대기업 제약회사를 선택했고 좋은 기회를 통해 외국계 제약회사로 이직해 17년이 넘는 시간 동안 제약인으로 살고 있습니다.

첫 회사를 결정할 때 친형의 조언을 적극적으로 받아들인 게 잘한 결정이었나 아직도 명확한 판단은 서지 않습니다. 그래도 그리 나쁜 결정은 아니었다고 스스로 다독이고 위로하며, 의약품을 통해 환자의 삶의 질을 높이고 생명을 구한다는 제약인 나름의 사명감을 가지고 의미 있는 직장 생활을 하고자 노력하고 있습니다. 가장 많은 시간을 영업 업무에 매진했고, 현재는 마케팅팀에서 마케팅과 세일즈 스페셜리스트로 근무하고 있습니다.

뻔하지만 솔직한 지원 동기

면접에서 "MBA 지원 동기가 무엇인가요?"라는 질문을 받았을 때 간단하게 세 가지로 답변했습니다.

+ 첫째, 공부를 더 하고 싶습니다.
+ 둘째, 더 다양한 네트워크를 만들고 싶습니다.
+ 셋째, 미래를 위해 석사 학위는 가지고 싶습니다.

너무나도 뻔하고 평범한 답변이었지만, 이보다 더 정확하게 지원 동기를 표현한 말이 없네요. MBA 과정을 시작하게 된 계기는 모두 다를 수 있겠지만, 다들 비슷한 목표 안에서 본인만의 더 의미 있는 성과나 결과물을 만들기 위해 직장 생활과 학교 생활을 병행하고 있다고 생각됩니다.

돌아보면 이 세 가지 목적 안에서 나만의 구체적인 계획을 더

했다면 어땠을까 하는 생각을 해봅니다. 예를 들어 공부는 구체적으로 어떤 분야에 더 집중할 건지, 네트워크는 주로 어떤 분들과 만들어보고 싶은지, 단지 경영학 석사 학위만이 아닌 심화 수료 과정을 넣어보는 것은 어떤지 하는 계획들입니다. 물론 학교에 다니면서도 충분히 생각하고 결정할 수 있는 문제이기에 입학 전 큰 시간을 들일 필요는 없습니다. 하지만 더 의미 있는 결과물을 만들기 위해서는 한 번쯤은 꼭 짚고 넘어 가는 것이 좋겠습니다.

새로운 관계 형성의 기회

퇴근 후 7시라는 수업 시간을 맞추는 일은 정말 쉽지 않았습니다. 수업이 있는 날에 저녁 식사를 놓치는 일은 흔했고, 혹시라도 발표가 있는 날이면 일과 시간 내내 수업에 늦으면 안 된다는 부담감과 압박감에 시달리기도 했습니다. 그러므로 학교 선택에 있어 위치를 꼭 중요하게 고려하길 바랍니다.

또 회사 선배나 동료들이 다녔던 MBA 학교를 고려해보는 것도 좋습니다. 회사 선배나 동료를 학교에서도 본다는 것이 그다지 유쾌하지 않을 수도 있지만, 회사 내 네크워크로 고민이나 어려움이 있다면 MBA를 통해 인연을 맺는 기회도 생길 수 있다고 생각됩니다. 수많은 과제와 발표, 시험에 대해 많은 조언과 도움을 구해야 하니, 회사에서 그다지 가깝게 지내지 않았던 선배나 동료 들이 MBA에서 친한 형 동생 사이가 되기도 하더라고요. 회사에서 MBA를 수료하거나 수료 중인 회사 분들과 새로운 관계 형성의 기회로 학교를 선택해보는 것은 어떨까요?

직장인으로서의 성숙한 자세를 갖다

'비즈니스 게임을 사용한 의사결정'이라는 수업은 제게 깊은 인상을 남겼습니다. 팀의 구성원 한 명 한 명이 한 회사의 중요한 의사결정권자(CEO, CFO, COO, CLO, CMO 등)가 되어 각자의 전문 분야에 대한 의견을 나누고 회사의 성장이라는 하나의 목표를 위해 서로 타협하고 절충해 회사를 성장시키는 과정을 전략시뮬레이션 게임으로 경험해보는 수업이었습니다.

이 수업에서 팀 CEO를 맡음으로써 회사 운영에서 맞닥뜨리게 되는 수많은 의사결정 환경과 상황을 접하게 되었습니다. 얼마나 많은 정보와 긴 시간, 그리고 갈등 속에서 의사결정이 이루어지는지, 이러한 결정에 대해 CEO가 가지는 책임은 얼마나 큰

지 경험해볼 수 있었습니다. 직장인으로서 단순히 결정된 사항들에 대해 불만부터 터뜨렸던 저에게 이 수업은 회사 내에서의 좀 더 성숙한 사고와 자세를 알려주었습니다.

풍성한 경험을 얻으려면 자기관리도 필요하다

오랜 기간 고민하고 결정한 MBA이기에 2년이라는 시간 동안 힘들더라도 최대한 많은 활동을 해보겠다고 다짐했고, 이러한 다짐을 이루기 위해 참 많은 모임에서 활동했습니다. 이를 통해 저의 MBA 생활이 굉장히 풍성해졌지만, 의욕과 열정만큼 따라오지 않는 체력 때문에 아쉬운 일들이 자주 발생했습니다.

저는 똑같이 바쁜 생활 속에서도 체력 관리를 위해 끊임없이 노력하는 수많은 원우를 통해 중간관리자 혹은 그 이상의 위치에 가기 위해서 자기관리가 얼마나 중요한지, 어떻게 자기관리를 해야 하는지를 배울 수 있었습니다. 이 자체만으로 무엇보다 큰 소득이라고 생각합니다. 본인의 의지만 있다면 원하는 만큼을 얻어 갈 수 있는 곳이 바로 MBA입니다. 본인의 의지만큼 충분한 체력을 가지고 있는지 한번쯤은 체크해보기 바랍니다.

MBA에는 학업 외에도 여러 분야의 사람들과 다양한 주제를 함께 소통하고 공유할 수 있는 수많은 기회와 모임이 있습니다. 원우회에 소속되어 원우 전체를 이끌어볼 수 있는 기회, 주식·부동산·합리적인 소비 등에 대해 함께 연구하고 투자해보는 모임, 골프나 산악 등의 운동이나 취미 생활을 함께하는 모임, 그 외에도 정말 다양한 모임에 참여해볼 수 있어요. 혹시 관심 분야가 없다면 스스로 모임을 만들고 이끄는 기회도 얻을 수 있습니다. 특히 졸업 후에도 편하게 만날 수 있는 수많은 형, 누나, 동생, 친구를 MBA를 통해 만들게 되었다는 것만으로도 MBA의 가치는 바래지 않을 것입니다.

MBA, 고민하지 말고,

지금 바로 도전해보십시오!

사람의 그릇을
키우고 싶다면

김성식 원우

GS칼텍스에 15년째 근무하고 있는 김성식입니다. 결혼한 지 13년 차로 초등학생 아이 둘을 두고 있으며, 취미는 캠핑, 골프, 걷기 등입니다. 대학 신입생 시절 토익 시험을 처음 봤는데 친구들로부터 L/C는 왼쪽 신발, R/C는 오른쪽 신발 사이즈냐는 말을 들을 정도로 처참한 점수에 충격을 받아 대학 졸업 전에 영어는 극복해야겠다는 일념으로 열심히 공부한 적이 있습니다. 그 와중에 캐나다에 워킹홀리데이라는 걸 다녀왔었고 거기에서 지금의 와이프를 만났어요. 아내 고향이 여수인데, 지금 제가 여수에

더 늦기 전에 MBA 가면 어때요?

공장이 있는 회사를 다니고 있는 걸 보면 인연이라는 게 신기하다는 생각이 듭니다.

다양한 경험을 이론으로 엮다

사실 기계공학을 전공한 공대생인 저에게 'MBA'라는 타이틀은 언젠가 한번 도전해보고 싶은 막연한 대상이었습니다. 저는 물류 설비 분야의 엔지니어 업무 담당으로 입사해 엔지니어 업무를 주로 했어요. 그러다 운이 좋았는지 회사에서 비교적 다양한 직무를 통해 재미 있는 경험들을 쌓아가며 근무를 했습니다.

하지만 다른 측면에서 생각해보면 그렇게 깊이 있게 알지도 못하는 제가 자회사 이사회 지원 업무, 타사와의 제휴 체결 업무, 사람을 관리하고 조율하는 업무, 중장기 전략 수립 등 공대스럽지 않은 업무들을 정리해서 보고하고 실행한 의사결정이 정말 최선이었을까 하는 의문이 들기도 했습니다. 한 번은 현장에 관리자로 2년여를 근무한 적이 있는데, 조직을 운영하는 방법이나 동기부여, 리더십 등을 좀 더 이론적으로 알고 리더가 된다면 도움이 될 것 같다는 생각도 했죠. 이런 생각들이 모여 MBA 과정에 지원하게 되었습니다.

자신의 부족함을 곱씹으며 언젠가 저곳의 문을 한번 두드려 보자 생각만 하고 있던 어느 날, 운 좋게도 회사에서 지원해주는 프로그램에 선발되어 MBA를 경험할 기회가 생겼습니다. 막상 기회가 생기고 보니 여러 선택지가 아른거렸어요. 사실 외국으로 갈 것인가, 국내에서 다닐 것인가, 학업에 전념할 것인가, 회사에 다니며 학교에 다닐 것인가는 선택에 따라 제약이 다르므로 본인의 의사와 상관없이 정해지는 경우가 많습니다. 저는 풀타임(Full-time) MBA를 가자니 기회비용이 만만치 않고, 2년이라는 시간을 MBA 수업만 들으며 보내는 것이 효율적이지 않다고 느껴 파트타임(Part-time) MBA, 즉 국내 소재의 야간 MBA에 지원하기로 했습니다.

어느 학교를 선택할지 고민된다면

여러 MBA를 알아봤지만, 막상 제 조건과 맞아 지원할 수 있는 MBA는 많지 않더라고요. 자신이 원하는 학교에 지원해도 합격하지 못할 수도 있다는 가능성도 고려해서 두세 개의 선택지를 열어두는 방법도 좋겠습니다. 소문에 따르면 가성비, 회사와 학업 두 가지 모두를 포기할 수 없다 등 다양한 이유로 야간 MBA

의 인기가 더 높아졌다고 하더라고요.

저는 마지막까지 세 MBA를 비교하며 고려했습니다. 표에 보이는 것처럼 정리해서 결정했죠. 학교명은 이니셜로 대체했지만, 누구나 알아보실 수 있으리라 생각합니다. 개인적인 느낌이니 참고용으로만 확인해주세요.

▼ MBA 비교

학교	Y	K	K
수학 기간	2년	2년	3년(본인 노력하에 2.5년도 가능)
특징	기업 경력자 위주 선발	선후배간 으으리 (!), 끈끈한 정	학업 포커싱, 창업 사관학교 느낌
장단점	• 캠퍼스 낭만 • 미주 및 유럽의 GET(Global Experience Trip) 프로그램 기회 • 많은 필수 과목	• 역에서 가까운 위치 • 토요일 수업이 있음	• 3년의 수학 기간(상대적으로 여유로운 학기 중 수업 스케줄) • 사람들이 (위치를) 잘 모름

* 수학 기간은 휴학 기간을 포함하지 않은 가정임

'마지막 강의'의 뭉클함을 주었던 수업

입학 전에 지인에게서 '협상론'이라는 과목이 꼭 들어야 하는 수업 중 하나라고 추천받았습니다. 계절학기로만 열리는 것으로 알고 있는데, 마침 1학년 여름학기에 이 과목이 열린 것을 보고 가까스로 수강 신청을 할 수 있었죠. 여름 계절학기는 1.5학점에 총 4일(수요일 3시간, 토요일 9시간)을 수업합니다.

협상론이라는 과목은 다양한 케이스를 두고 조를 짜서 실제 협상 과정 및 결과를 종합해 매 시간 발표하는 과목이었습니다. 그동안 회사에서 다양한 상황에 대한 협상을 진행해봤다고 생각했는데, 실제 상황도 아닌 이 짧은 수업 시간에 어찌나 짜릿하며 압박적으로 협상이 이루어지는지 수업을 한 번 마치면 진이 쑥 빠지는 기분이었어요.

이쪽 분야의 대가로 알려지신 박헌준 교수님(나중에 찾아보니 DBR이나 외부에 다양한 기고도 많이 하셨더라고요)의 강의였는데, 마침 제가 들은 수업이 교수님께서 정년퇴직 전 마지막으로 진행하는 수업이라고 마지막 시간에 말씀해주셨습니다. 정년을 코앞에 두신 노교수님께서 카랑카랑한 목소리로 카리스마 있고 열정적으로 수업을 하신다는 것에 매우 놀랐습니다. 마지막 순간까지 열정을 불사르시는 모습에 랜디 포시, 제프리 재슬로의 책 『마지막

박현준 교수님의 마지막 강의를 마치고,
같이 수업을 들은 원우들과 함께!

강의』가 떠올랐습니다. 역시 세상은 넓고 멋진 사람은 많은 것 같아요.

힘들지만 한 번쯤 경험해보기를

사실 일과 학업을 병행한다는 것 자체가 굉장히 힘든 일입니다. 그러나 회사의 배려로 수업이 있는 날은 좀 일찍 퇴근할 수 있어서 학업을 진행하는 데 큰 도움이 되었습니다. 또 수업이 밤 10시에 끝나다 보니 원우들과 수업 후 한잔하면 자정을 넘기기가 부지기수였는데, 집까지 멀어서 택시비도 택시비지만 다음 날 출근하는 데도 꽤나 피곤함이 느껴졌습니다. 하지만 배움의 즐거움, 단조로운 일상을 벗어나 새로운 환경에서 새로운 경험을 하고 있다는 즐거움에, 돌이켜보니 그렇게 힘들지는 않았던 것 같네요. (물론 시험공부나 이런 것은 논외로 하겠습니다.)

MBA에 다닌다고 하면 비용에 대한 이야기를 많이 하는데, 학비의 적고 많음을 떠나 2년이라는 시간 동안 업무와 학업을 병행하며 시간을 할애한다는 것 자체가 굉장한 투자라 생각합니다. MBA에 대한 위상이 예전과 같지 않다고들 하지만, 직접 경험한 입장에서 사람의 그릇을 키우는 데 이만한 코스가 있을까 싶어요. 만약 아이들이 커서 회사원 또는 사업을 한다면 MBA는 꼭 경험하라고 이야기해주고 싶습니다.

인연의 끝과 시작, 그리고 연세대

MBA에서 끊어진 인연을 찾기도 했어요. (일반 육군을 다녀오신 분은 아시겠지만) 군대에서 아들 군번이라고 부르던 친구가 있었어요. 군대에서는 꽤 잘 챙겨주었다 생각이 들어 제대 후에도 연락하자고 즐겁게 이야기를 나누었는데, 일반적인 군인들의 우정이 그렇듯 전역 후 자연스레 연락이 끊어졌습니다. 그런데 MBA에 입학해서 OT를 하는 중에 누가 아는 척을 하는 것이 아니겠어요? 바로 군대에서 내 아들 군번 역할을 하던 김 일병이었습니다. 이 친구는 금융MBA(FMBA)에 입학해 같이 온라인으로 학교 OT를 받고 있었죠.

나중에 알게 된 더욱 놀라운 사실은 저와 중·고등학교를 같이 나온 절친과 이 친구가 같은 회사 동기였다는 것이었어요. 생각보다 멀지 않은 곳에 근무하고 있어 어렵지 않게 연결될 수 있었죠. 이 친구와 저는 이렇게 MBA로 다시 연결되어 같이 라운딩도 하고 주기적으로 안부도 묻는 사이로 돌아가게 되었습니다. 전부 연세대 MBA를 선택한 행운 덕이기도 합니다.

또 연세대를 선택한 큰 이유 중 하나가 캠퍼스의 아름다움입니다. 너무 크지도 너무 작지도 않으며, 백양로를 중심으로 좌우로 가지런히 배치된 정결한 캠퍼스. 벚꽃을 시작으로 5월이면 건물을 뒤덮는 담쟁이덩굴과 이양하 시인의 수필 「신록예찬」의 모티브가 되었던 청송대의 비경, "죽는 날까지 하늘을 우러러 한 점 부끄럼이 없이" 살고 싶어 했던 윤동주 시비 등 캠퍼스 구석구석이 어디 하나 빼놓을 구석이 없을 만큼 아름다워요. 살면서 이렇게 아름다운 캠퍼스의 낭만을 한번 느껴보는 것이 정말 큰 즐거움이었습니다.

아이들에게 공부하는 아빠의 모습을 보여주며

아이들의 자기주도 학습에도 도움이 되고 있습니다.

저를 위해서도, 아이들을 위해서도,

MBA는 최선의 선택이었다고 생각합니다.

적극적인
소통의 가치

김태윤 원우

저는 82년생 김태윤이라고 합니다. 대학교에서 회계학을 전공했고 졸업과 동시에 NH투자증권에 입사해 현재 11년째 근무 중입니다.

MBA 과정에 지원한 이유

NH투자증권에서 PB로 일하면서 해외주식 우수 PB로 선정되었습니다. 관련 전문성을 확보하기 위해 MBA 진학이 필요하다고 생각했죠. 마침 회사에서 MBA 학비 지원자 선발 프로그램을 진행하고 있어 지원했고, 그 덕에 지원 대상자로 선정되어 학비 50%를 지원받고 다니게 되었습니다.

저는 MBA 과정을 통해 기업가치 판단, 대고객 투자 계획 수립 및 솔루션을 제공하는 일련의 가치 창출을 위한 프로세스를 배우고 싶었습니다. 구체적으로 다음 세 가지를 중점적으로 배우려는 목표를 세웠죠.

첫째, Projecting Earnings and Cash Flow 관련 과목 이수였습니다. 이를 통해 해외기업 재무제표 분석과 예측하는 방법을 터득해 해외자산 투자를 위한 관련 지식을 습득하고 전문성을 높이고 싶었습니다.

둘째, Financing Investments 관련 과정을 통해 고객 자산을 어떤 방법으로 끌어와서 투자 계획을 선정할 것인가에 대해 다양한 방법을 배우고 싶었습니다.

셋째, Creating Value for Stockholders 관련 과정을 통해 회사가 어떠한 방법으로 주주 혹은 고객에게 가치 창출을 할 수 있을지 다각도로 연구하는 시간을 가지고 싶었습니다.

내가 선택한 MBA, 직장인으로서의 고민

MBA를 선택할 때 제일 중요하게 고려한 점은 학교의 네임밸류였습니다. MBA의 커리큘럼이 학교마다 큰 차이가 없다고 생각했고, 이외에 기대할 수 있는 것이 무엇일까 하고 생각한 게 네임밸류였죠. 회사 업무와 병행해야 하는 힘든 상황에서 MBA에 부여하는 제 기대치 또는 가치, 졸업 후 저의 모습, 동문과의 인적 네트워크 형성 등을 고려했을 때 모든 것을 갖췄다고 판단된 연세대 MBA 한 곳만 지원하게 되었습니다. 일주일에 3일을 통학해야 하므로 회사 및 집과의 동선도 고려해야 했는데, 다행히 위치가 가까워 다른 고민을 할 필요가 없었습니다.

그러나 MBA 과정은 회사 생활과 병행해야 하는 특성상 회사 업무와 일정 조율이 되지 않을 때 힘들었습니다. 회식 및 고객 미팅, 출장 등이 학교 수업과 조율되지 않을 때, 특히 시험 기간과 겹칠 때 회사에 어떻게 전달해야 업무에 소홀하다는 이야기를 듣지 않을까 스트레스를 받은 적이 몇 번 있습니다. 회사 동료지만 저와 같은 상황이 아니기에 이해를 하지 못하는 직원도 있을 수 있으므로 이런 경우에 특히 조심하게 됩니다.

MBA 너무 비싸지 않냐고요?

개인적으로 크게 두 가지 관점에서 충분한 값어치를 했습니다. 첫 번째, MBA 과정을 통해 경영학 전문지식을 습득하고 석사 학위까지 취득할 수 있습니다. 훌륭한 교수님들께 직접 경영학 수업을 들을 수 있으며 단방향이 아닌 쌍방향 수업으로 질의응답이 수시로 이루어져 효율적인 학습이 가능했죠. 특히 석사 학위 취득을 목표로 두고 학습한다는 것은 단순한 지식 습득이 아닌 식견을 높이고 경영학 석사로서 학문을 연구해 나가는 데 큰 의의가 있었던 시간이라고 생각합니다.

두 번째, 인적 네트워크를 형성할 수 있습니다. 다양한 분야에서 활약하고 있는 선후배와 MBA에서 학생 신분으로 만나면서 사회에서 만들기 힘든 인맥을 쉽게 만들 수 있는 시간이었습니다. 사회 생활을 하다 보면 같은 회사, 같은 업종에서 종사하는 비슷한 연배의 사람들과는 자주 만나지만 다양한 분야에 각계각층에 있는 사람들과 인적 네트워크를 만든다는 것은 돈으로도 살수 없는 가치라고 생각합니다.

적극적인 소통이 평생의 친구를 만듭니다

MBA에서 즐거운 일들이 많았지만, 무엇보다 우리 조원들과 함께한 제주도 여행이 떠오릅니다. 특히 우리 조는 조원끼리 우애가 깊고 단합이 잘되어 학기 초부터 다른 조의 부러움을 샀습니다. MBA 과정 중에 즐거운 추억을 만들기 위해 지난해 여름에는 제주도로 4박 5일 여행도 다녀왔습니다. 이외에도 요트에서 단독 선상 파티, 핼러윈 코스튬 파티 등 평소에 쉽게 할 수 없는 다양한 파티를 즐기며 조원들과 잊지 못할 추억을 만들었습니다.

원우들과 적극적인 소통을 우선순위에 두세요. 이렇게 좋은 친구들을 사회에서 새롭게 만나기는 불가능하며, 무엇보다 서로 믿고 의지할 수 있는 친구를 짧은 시간에 만드는 것은 더더욱 불가능하니까요.

삶의 목표의식이 비슷하고 각 분야에서 인정받는

우수한 인재들이 MBA라는 훌륭한 울타리 안에서

소속감을 가지고 함께한다는 것은 삶의 축복이라고 생각합니다.

고민하거나 망설이지 말고

MBA 과정에 지금 바로 도전해보세요!

나의 발전을 위한 MBA 진학

문은영 원우

저는 미국에서 경영학, 경제학을 복수전공 했고, 졸업 후 뉴욕에 있는 커뮤니티뱅크 재무 부서에서 5년간 근무했습니다. 그 후 한국으로 돌아와 외국계 은행에 입사해 재무 부서에서 8년 동안 근무했어요. 현재는 글로벌 뱅킹 부서의 크레디트 애널리스트 (Credit Analyst)로 일하고 있습니다.

'**MBA에 지원해볼까?**'

직장에서 10년을 넘게 일하다 보니 문득 'MBA에 진학해볼까?' 하는 막연한 꿈을 꾸게 되었습니다. 약간의 설렘과 함께요. 그 이유로는 여러 가지가 있겠지만 ① 일에 대한 회의감 극복, ② 다른 일에 대한 호기심, ③ 20년 뒤 발전된 나의 모습을 간절하게 원했기 때문이었습니다.

뉴욕에서 학부를 졸업한 후 미국에 있는 은행에 취업해 일하는 동안, 미국에 있는 MBA에 진학하는 것을 목표로 GMAT 준비도 해봤습니다. 하지만 20대에 잘 다니던 회사를 그만두고 MBA를 가야 한다는 부담감과 2년 동안 1억 원이 넘는 학비와 생활비에 대한 경제적인 부담을 부모님께 드려야 한다는 생각에 포기했어요.

졸업 후 코트라(KOTRA) 뉴욕지점에서 1년 동안 인턴을 하며 지내다 미국에 있는 커뮤니티뱅크에 입사하게 되었습니다. 그 이후 5년이라는 시간 동안 미국에서 혼자 일하면서 지내다 보니 가족과 함께하는 시간이 너무 그리웠어요. 미국에서의 회사 생활이 한국의 그리움을 덮을 만큼 좋은 것도 아니었죠. '무슨 부귀영화를 누리자고 이렇게 외로운 미국 생활을 견디고 있나?'라는 생각과 함께 일상에 대한 회의가 들었어요. 결국 미국 생활을 청

산하고 다니고 있던 은행에 사표를 던진 후 2012년 한국행 비행 기표를 끊었습니다.

한국으로 돌아온 그해 바로 외국계 은행에 입사했습니다. 그 후 지금까지 같은 회사에서 10년 가까이 일하고 있습니다. 그런데 어느 순간부터 나 자신이 채워지고 있다는 생각이 들기보단 소모되고 있다는 느낌이 끊임없이 들었습니다. '하루의 시간 대부분을 회사에 투자하고 있는 나는 진심으로 괜찮은 걸까?'라는 스스로 질문하며 지금 나의 희생이 미래의 커리어에, 그리고 내 인생에 얼마나 도움이 될지 다시 생각해보게 되었습니다. 그 생각의 끝은 늘 '그다지 도움이 되지 않을 것 같다.'로 끝났어요. 이를 계기로 '그럼 조금 다른 일을 해보는 것은 어떨까?'를 고민하기 시작했고, 새로운 일을 하려면 무엇을 하는 게 도움이 될지, 그리고 무엇을 하는 게 맞는지를 찾아보게 되었습니다.

커리어의 방향을 전환할 기회

10년 가까운 세월 동안 금융 관련 커리어만 쌓았기 때문에 커리어의 방향을 전환할 수 있는 유일한 방법은 MBA라고 생각했습니다. Finance MBA가 아닌 Corporate MBA를 선택한 이유이

더 늦기 전에 MBA 가면 어때요?

기도 합니다. 또한 기회비용을 따져보았을 때 미국 풀타임 MBA를 선택했을 때보다 국내 파트타임 MBA를 선택했을 때 포기해야 하는 것이 훨씬 적었어요. 게다가 회사에서 학비를 지원받을 수 있는 기회도 있었기에 한국에서 회사에 다니는 저로서는 실보다 득이 많다고 느껴졌습니다.

제가 모회사의 리쿠리팅(recruiting)을 담당하는 인사 담당자라고 하더라도 당연히 관련 업계 경력이 없는 사람을 채용하지는 않을 거예요. 하지만 MBA를 통해 관련된 공부를 한다면 결과는 달라질 수 있다고 생각했습니다. 특히 관련 수업에서 두각을 나타내거나 배운 내용을 지원한 회사에 어떻게 적용할지 또는 도움을 줄지에 대한 인사이트를 가지고 있다면 경력만 많은 사람보다 더 나은 지원자로 인식될 수 있을 것이란 확신이 들었습니다. 더불어 실제로 주변에 MBA를 졸업하고 이직에 성공한 지인들을 많이 보았기 때문에 더욱 MBA가 답이라고 생각했어요.

저는 앞으로 20년, 길게는 30년 후에도 경제활동을 하고 싶습니다. 그런 측면에서 MBA 졸업은 어쩌면 필수라는 생각까지 들었죠. 인생을 살다 보면 누구나 생각하지 못했던 상황으로 인해 불가피하게 일을 쉬어야 하는 경우가 생길 수 있잖아요? 이런 점을 고려해보면 더욱이 MBA에 투자하는 2년이라는 시간은 충분히 가치 있다고 생각했어요.

MBA 커리큘럼에 주목하자

MBA 선택에 있어 가장 중요하게 생각했던 요소는 회사와 학교, 학교와 집 사이의 거리였고, 그다음은 학교의 커리큘럼이었습니다. 퇴근 후 수업을 들어야 하므로 거리가 중요할 수밖에 없었어요. 회사나 집과 멀리 떨어진 학교에서 수업을 듣는다는 것은 불가능하다고 생각했죠. 그래서 회사와 집에서 대중교통으로 이동이 편한 연세대학교를 선택했습니다. 국내 파트타임 MBA 진학에서 가장 중요한 것은 '내가 얼마나 수업에 빠지지 않고 참여할 수 있는가?'입니다. MBA 면접에서 받았던 첫 질문이 "수업이 저녁 7시에 시작하는데, 퇴근 후 늦지 않게 올 수 있겠느냐?" "회사에서 거리가 멀지 않느냐?"였던 걸 보면 학교에서도 같은 생각을 하는 것 같아요.

방학 기간에 진행할 수 있는 GET(Global Experience Trip)라는 프로그램 역시 커리큘럼 측면에서 매력적이었습니다. 교환학생과 비슷한 프로그램인데 외국에 있는 학교에서 수업을 듣고 학점을 이수할 수 있거든요. 특히 유럽에 있는 학교의 수업을 들을 기회가 있다는 것이 호기심을 자극했습니다. MBA 진학을 고려하고 지원할 때 GET와 같이 학교별로 특이한 커리큘럼을 살펴보는 것도 좋은 기준이 될 수 있을 것 같습니다.

MBA 공부에 시간 관리 능력까지

연세대학교 Corporate MBA 과정은 회사 일이 끝나고 늦은 저녁부터 수업을 들어야 했기 때문에 학업과 직장 생활을 병행하기 위한 스케줄 관리가 가장 중요했는데요. 세 번 결석하면 F 학점을 주는 등 학사 관리 또한 엄격해 시간을 효율적으로 관리하고 배분해 쓰는 것이 가장 힘들었습니다. 출석뿐만 아니라 팀 과제를 포함한 개인 과제도 많았기 때문에 새벽까지 공부하고 아침에 출근해야 하는 날이 빈번했습니다. 하지만 나중에는 최대한 효율적으로 시간을 배분하도록 노력하는 게 습관이 되어서 오히려 업무에 플러스 요인으로 작용했습니다.

MBA 졸업장이 성공적인 재취업을 보장해줄 수는 없겠죠.
하지만 적어도 MBA를 통해 배운 지식과 쌓은 인맥이
재취업에 도움을 줄 수 있다는 사실은 명백합니다.
제가 MBA를 통해 얻은 것이기도 하고요.

도전은 인생을
흥미롭게 만든다

민복기 원우

포항에서 태어나 고등학교 졸업까지 약 20년을 바닷바람을 맞으며 성장했습니다. 당시 고등학교 교장선생님의 추천을 받아 대학을 일본으로 진학하게 되어, 아무 연고가 없는 일본으로 신라면 3박스를 들고 유학을 떠나게 됩니다.

약 5년에 가까운 유학 생활을 마치고 귀국한 뒤, 겁도 없이 나의 한계를 넘어서고 싶다며 대한민국 해병대에서 2년간 국방의 의무를 다합니다. 해병대에서 정말 한계를 넘어섰는지 뒤늦게 영어에 눈을 떠 그동안 하지 않던 공부를 하겠다고 1년간 영국으

더 늦기 전에 MBA 가면 어때요?

로 다시 어학연수를 떠납니다. 어학연수를 마치고 돌아와 운 좋게 그해 바로 취업에 성공하고 결혼에도 성공했습니다.

직장 생활을 시작한 이래 지금까지 해외영업팀의 영업 부서에서 근무하고 있습니다. 그동안 일본을 시작으로 중국, 싱가폴 등 약 10여 개국을 다니며 비즈니스 개척 활동을 했습니다. 운 좋게 일본법인 주재원으로 발탁되어 사랑하는 가족들과 함께 5년간 일본에서 주재원 생활도 해보았습니다.

지금은 대한민국 1등 전기·자동화기기 제조사의 해외영업팀에서 매니저로 일하며, 퇴근 후 MBA 과정을 밟고 있으며, 이 책을 함께 집필한 2반 5조라고 하는 뜻밖의 좋은 사람들을 만나 함께하는 중입니다.

지금이 아니면 안 될 것 같아서

주변에서 MBA 과정에 지원한 이유를 많이 물어봅니다. 저는 초등학교 5학년 때부터 정치가의 꿈이 있었지만, 일본에서 학사 학위를 취득하다 보니 한국에 대학 동문이 없었습니다. 그래서 20대 초반부터 언젠가 기회가 된다면 대학원에 진학해 한국에서도 동문을 만들어야겠다고 생각하고 있었습니다. MBA 과정을 지원하게 된 첫 동기죠. 어린 마음에 정치인이 되기 위해서는 석사 학위도 필요하다고 생각하고 있었어요. 선거의 승패에 있어, 특히 한국에서는 대학 동문과 석사 학위가 기본적으로 있어야 한다고 어디서 주워 들었습니다(생각해보니 조금 우스운 이유네요).

하지만 회사 생활을 시작한 이래 약 12년 동안 해외영업팀에서만 근무하다 보니, 1년 365일 중 절반 이상을 출장으로 해외에서 근무하는 경우가 파다했습니다. 그러다 보니 그동안 환경 및 여건이 녹록지 않다는 이유로 자기합리화를 하며 MBA 지원을 계속해서 미루어왔어요. 어느덧 정신을 차려보니 불혹의 나이를 바라보는 초등학생 자녀를 둔 직장 생활 12년 차의 꼰대 과장님이 되어 있었고, MBA 과정을 정말 영원히 이루지 못하고 포기하게 될 것 같다는 불안감에 조급함이 생겼습니다.

또한 현재진행형으로 일본법인의 법인장이 되겠다고 하는 중·단기적인 목표를 가지고 있어 더 이상 MBA 지원을 미룰 수 없었습니다. 왜냐하면 법인장이 되기 위해서는 인재 채용부터 회계, 재무, 기획, 마케팅 등 법인 관리 전반에 걸친 전문적인 지식뿐만 아니라 많은 경험과 역량, 인적 네트워크까지도 필요하기 때문입니다.

많은 사람이 말하죠. "인생은 타이밍"이라고. 이러한 작고 큰 요소들이 동시에 복합적으로 작용해 MBA에 덜컥 지원서를 냈습니다. 만약 MBA에 합격한다면 평소 해외 출장이 없는 다른 부서로 이동하겠노라 마음먹기까지 했습니다.

군이 MBA에 지원한 이유를 정리해보라고 한다면 다음과 같습니다.

+ 인적 네트워크 확장하기

+ 석사 학위 취득하기

+ 회사 내에서 한층 더 활약하기

+ 향후 언젠가 독립하기 위한 사전 준비

+ 발전적 성장을 위한 자기 투자

+ 이직 시 유리

MBA 선택의 기준: 거리, 체력, 시간

처음 MBA 지원을 고려할 때 자연스럽게 가장 먼저 검색했던 것이 국내 MBA 순위와 평판, 교육 커리큘럼 등이었습니다. 하지만 결국 인지도나 순위보다는 제가 처한 상황이나 환경에서 실질적으로 얻을 수 있는 효율성을 가장 우선으로 따져보고 최종적으로 결정했습니다.

저에게 실질적으로 가장 중요했던 요소는 시간 및 체력을 최대한 효율적으로 사용하기 위해 무조건 집과 회사와 학교는 최대한 가까운 거리에 있어야 한다는 것이었습니다. 2년 동안 일과 학업을 병행해야 하니까요. 그래서 다른 학교는 쳐다보지도 않고 연세대학교 MBA에만 단독 지원했습니다. 고려대학교나 카이스트에 합격한다고 하더라도 이동 거리가 멀어 2년 동안 성실히 다닐 자신이 없었기 때문입니다. 또한 연세대학교는 언더우드 선교사가 전도를 목적으로 세운 기독교 학교이기도 합니다. 평생을 기독교 집안에서 성장하고 어린 시절부터 귀가 닳도록 주위로부터 들어왔던 학교였던지라 연세대학교에 대한 로망이 있기도 했습니다.

학교를 선택하는 중간에 각 학교의 교육 커리큘럼이나 학비, 여건, 다양한 장점 등을 함께 따지며 고민했던 시기도 있었지만 결론적으로는 가장 현실적이고 합리적인 의사결정을 하게 된 거죠. 하지만 무엇보다 본인의 자발적이고 적극적인 학업 참여 의지와 자세가 가장 중요하다고 생각합니다. 노력과 열정, 확고한 의지가 없다면 회사 업무와 병행하면서 공부하기란 쉽지 않을 테니까요.

회사와 학교의 병행, 가족까지?

살면서 "인생사 내 마음대로 되는 게 하나도 없다."라는 말을 자주 듣습니다. 우리는 MBA 과정을 밟는 2년 동안에도 회사에서는 능력 있는 과장님으로서, 집에서는 한 가정의 든든한 가장으로서 또는 자랑스러운 자식으로서 역할을 다해야 합니다.

하지만 MBA 과정을 밟다 보면 빠질 수 없는 학교 수업이 있는 날 중요한 고객과 미팅이 잡히기도 하고, 학교 시험이 있는 주간에 해외 출장 계획이 생기기도 하고, 중요한 학교 행사가 있는 날 아내의 생일이 겹치는 상황처럼 MBA와 관련된 각종 일정으로 인해 회사나 가족 모임에 빠지는 횟수가 늘어나기도 합니다. 회사와 학교와 가정 간에 예측할 수 없는 충돌이 빈번하게 일어나죠. 사실 어느 하나 중요하지 않은 것이 없어요. 모든 것이 큰 문제 없이 잘 흘러갈 수 있도록 컨트롤하고 조율하는 일이 가장 힘들고 어려웠습니다. 학업을 핑계 삼아 회사 업무에 소홀하거나 회사에 피해를 주어서도 안 되고, 가정사에 등한시해서도 안 되기 때문입니다. 가치의 우선순위를 정해 먼저 해야 할 일을 결정하고 시간 배분을 통해 효과성과 효율성이라는 두 마리 토끼를 다 잡을 수 있는 지혜로운 MBA 생활을 스스로 이루어야 합니다.

돈으로 살 수 없는 인연, 그리고 파워 인맥을 얻다

사실 회사에서 선후배들과 MBA에 관해 이야기를 나누다 보면 비용과 효용을 따지며 MBA에 회의적인 분들이 많습니다. 저 역시 MBA에 입학하기 전까지만 해도 같은 생각이었고요. 하지만 막상 MBA에 입학해보니 가성비의 문제가 아니었습니다. 20대부터 50대까지 폭넓은 연령층과 다양한 분야, 풍부한 경험과 열린 사고를 가진 사람들과 함께 공부하며 인적 네트워크를 키워나가는 절호의 기회였죠.

물론 저는 MBA를 통해 석사 학위와 동문을 얻겠다고 하는 명확한 목표가 있긴 했었습니다. 그러나 그보다 더 가치 있고 돈으로도 살 수 없는 것이 바로 각계각층 다양한 분야의 경쟁력 있는 사람들과 인연을 맺고 인적 네트워크와 비즈니스 네트워킹을 확대해나갈 수 있는 발판을 마련할 수 있다는 점이었습니다.

MBA의 가장 큰 장점은 바로 막강한 비즈니스 네트워킹 인프라라고 생각합니다. 기본적으로 MBA에 지원하는 대부분의 사람들이 비즈니스에 오픈마인드를 가지고 있습니다. 새로운 기회 창출과 도전에 대한 의지와 열정을 겸비했기에 쌍방이 시너지 효과를 내기에 좋은 환경이죠. 다양한 산업과 분야의 전문가 또는 그런 분들과 가깝게 지내는 분들이 모여 있는 곳이 MBA이기 때문에 비즈니스를 시작하기에 최고의 생태계가 갖추어져 있다고 생각합니다. MBA 생활을 하면서 의미 있는 비즈니스 네트워킹 사례를 직접 경험하기도 했으며 주위에서 많이 목격하기도 했습니다. 원우들이 재직 중인 기업 상호 간의 협업은 물론이거니와 원우의 기업과 다른 원우가 소개한 주변 회사와의 비즈니스 네트워킹 사례도 있었습니다.

가끔 제가 원우들을 만나 종종 말합니다. "무엇을 먹느냐보다 누구랑 먹느냐가 중요하고, 어떤 지식을 가지고 있냐보다 누구를 아느냐가 더 중요하다." 성공이나 행복은 많은 부분이 인맥에 달려 있다고 생각합니다. 행복했고 즐거웠던 과거의 추억을 회상할 때면 사람은 대체로 '당시 자신의 행동'이 아닌 '누구와 함께 있었는지'를 떠올린다고 합니다. 지금 이 글을 읽고 계신 여러분들은 여러분들 곁에 막강한 지원자 또는 지지자가 있으신가요? 결과적으로 저는 MBA 과정을 통해 돈으로 살 수 없을 만큼 강력하고 든든한 지지자들을 많이 얻을 수 있었습니다. 아마 MBA 과정이 아니었다면 이렇게 훌륭하고 능력 있고 경쟁력 넘치는 분들과 인연을 맺고 인적 네트워크를 키워나갈 수 있는 곳은 없었을 것이라고 생각합니다.

사실 이뿐만이 아닙니다. 저는 MBA 동아리 활동을 통해 난생 처음 승마, 수상스키, 스킨스쿠버, 서핑 등 평소에 쉽게 접하지 못하는 다양한 문화 활동을 경험할 수 있었습니다. 사실 처음에는 그냥 사람을 만나는 게 좋아서 쫓아다닌 게 전부인데 이제는 저 스스로 각종 장비를 알아보고 있는 수준이 되었습니다.

이전까지는 이러한 레저스포츠를 체험하고 배우는 기회가 거의 없었습니다. 그런데 MBA에서 시작한 동호회 활동은 도전을 통해 자신감을 되찾고 성취감까지 얻게 했으며, 무엇보다도 가지각색의 클래스를 가진 사람들과의 교류를 통해 지금까지 경험하지 못한 새로운 세상을 바라보는 눈까지 얻게 해주었습니다. MBA에는 원우회에서 운영하는 다양한 동호회가 있습니다. 동호회 활동만 잘하더라도 투자 이상의 큰 수익을 쟁취할 수 있을 것이라 자신 있게 말씀드립니다.

다시 대학생이 된 것처럼

끝으로 재미있고 행복한 에피소드를 하나 들려드릴까 해요. 당연히 우리 5조 식구들과 함께 제주도 여행을 떠난 이야기입니다. 연세대의 경우 MBA에 입학하면 학교에서 크게는 반으로, 작게는 조로 원우들을 나누는데, 통상 하나의 반이 약 60명으로 구성되며, 한 조에는 약 10명의 원우가 함께합니다. 우리 조는 특이

더 늦기 전에 MBA 가면 어때요?

하게도 조 모임을 활성화시키고자 자체적으로 회장과 총무를 선출했죠. 제가 회장으로 선출되었고, 서로가 피를 나눈 가족은 아니지만 그만큼 가까운 사이라는 의미로 5조 조원들을 식구로 칭하기로 제안했습니다. 그 덕인지 실제 식구처럼 친밀한 관계를 유지하고 있습니다.

대부분 조원이 가정을 이루고 있고 다들 매우 바쁜 일상을 보내고 있었지만 짬을 내어 제주도로 여행을 떠나게 되었습니다. 4박 5일 동안, 마치 대학생으로 돌아간 듯한 기분을 만끽하며 두 번 다시 경험하지 못할 평생의 추억을 만들고 돌아왔습니다.

제주도에서 대형 보트를 빌려 우리만의 선상 파티를 즐기기도 했으며, 핼러윈 파티에는 각자가 다른 코스튬을 하고 파티에 참가해 당당히 상을 받았죠. 부상으로 인당 약 5만 원 상당의 뷔페 무료이용권을 받아 풍성한 저녁 식사를 즐기기도 했습니다. 이 모든 것이 난생 처음 경험하는 일이었고, 이 경험을 사랑하는 우리 5조 식구들과 함께해 더 큰 가치와 의미가 있었습니다.

MBA 지원을 망설이고 있나요?

혹시 현재 이 글을 읽고 있는 당신은 MBA 지원을 고려하고 있거나 망설이고 있나요? 현업과 병행해 야간으로 MBA 과정을 잘 이수해낼 수 있을지 염려되나요? 물론 생각했던 것보다 쉽지 않은 과정이 될 수도 있습니다. 극한 상황에 몰릴 정도로 공부와 과제를 해야 할 수도 있습니다. 영어로 수업을 듣고 과제를 해야 할 수도 있고, 그동안 잊고 지내던 미적분을 다시 공부해야 할 수도 있습니다. 집에 돌아가는 지하철이나 버스 안에서도 과제를 놓지 못할 수도 있습니다. 새벽까지 원우들과 술을 진탕 마시고 아무 일도 없었다는 듯이 정시에 출근해야 하고요.

하지만 돌이켜 생각해보면 이러한 고통이 오히려 강인한 체력으로 길러지고 결국 나를 살리는 보약이 되었다고 생각합니다(당시에는 그 상당했던 강도와 고통과 스트레스들이 해병대 신병훈련소 때와 비슷하다고 생각할 정도였지만요). 요즘도 스트레스를 받고 힘든 일이 종종 발생하지만 '그때 내가 그런 일도 해냈는데…'라는 생각으로 다시 각오를 다지게 됩니다. 결국 치열한 도전과 열정이 인생의 터닝포인트가 된 것이죠.

"도전은 인생을 흥미롭게 만들며, 도전의 극복이 인생을 의미 있게 한다."라는 격언을 좋아합니다. 아무리 큰 도전이라고 할지라도, 아무리 큰 고통과 역경이 찾아온다고 할지라도 포기하지 않고 긍정적인 마음가짐으로 꾸준하게 목표를 향해 조금씩 달려나간다면 반드시 좋은 결과가 기다리고 있을 거라 믿습니다.

더 늦기 전에 MBA 가면 어때요?

MBA에 도전하면 보는 눈이 달라질 것입니다!

광범위한 파워 인맥도 생깁니다!

사고의 틀도 전환됩니다!

경력과 연봉 상승은 자연스레 따라갈 것입니다!

더 나은 인생 후반전을 위해

도전을 두려워하지 않은 여러분들을 진심으로 응원합니다.

일단 하면
후회 없는 MBA

배고은 원우

온갖 센 기운을 모두 다 가지고 태어난 86년 호랑이띠(女). 삼성그룹 공채 51기로 입사해 현재 삼성생명 커뮤니케이션팀에서 소셜채널 업무를 담당하고 있는 배고은입니다. 대학교 재학 시절, 임용고시를 준비하다 졸업한 선배의 부탁으로 SSAT를 본 것이 회사와의 인연이 되었네요.

원래는 3년 동안 노량진에 갈 돈을 벌어 퇴사하고 선생님이 되는 것이 목표였으나, 일에 치이고 월급의 노예가 되어 살다 보니 어느새 손에 근속 10년 기념메달이 들려 있었어요. 이대로 시

더 늦기 전에 MBA 가면 어때요?

간을 허무하게 보낼 수 없다는 생각에 'MBA 진학'을 하고야 말 았습니다.

MBA, 다시 학생이 되는 설렘

사실 고등학생 시절을 돌이켜보면 학업에 뜻이 있는 우등생은 아니었어요. 그저 남들이 다 가니까 따라서 대학교에 갔는데 웬 걸! 내가 배우고 싶은 과목만 고를 수 있고, 내가 듣고 싶은 수업 만 듣는다니! 고등학교 때부터 좋아하는 과목과 싫어하는 과목 의 점수 편차가 컸던 저는 아마 대학에 오면서부터 공부에 흥미 를 느꼈던 것 같아요. 그래서 경영학사임에도 불구하고 또다시 경영을 배우러 MBA의 문을 두드렸겠죠? 개인적인 잡담은 여기 까지 하고 그럼 본격적으로 MBA를 선택한 이유를 이야기해볼 까요?

첫 번째는 '회사 생활 10년 차의 터닝포인트 만들기'. 한 회사 에 입사해서 10년 근속을 하기까지, 실무적으로는 많이 성장했 을지 몰라도 '내가 과연 제대로 알고 이 일을 하고 있는가?'에 대 한 의문이 매번 따라다녔어요. 바로 전 부서의 사수였던 선배가 이런 고민을 하고 있던 제게 이런 말을 했습니다. "지식이 없는 경험은 맹목적이고 경험이 없는 지식은 공허하다." 이제 경험은 충분히 쌓았으니, 다음 10년을 준비하기 위한 지식을 쌓을 때임을 직감적으로 깨달았습니다.

두 번째는 '업무 전문성 기르기'. 저는 삼성그룹 대졸 공채로 입사했으나 어쩌다 보니 생각보다 독특한(?) 직무 이력을 갖게 되었습니다. 보통은 본인의 전공에 따라 배치가 되는 데 반해, 저는 교육팀과 영업 부서를 거쳐 현재 커뮤니케이션팀에서 일하고 있으니까요. 사원, 대리 시절에는 다양한 경험을 쌓으면서 배워 갈 수 있었을지 몰라도 과장이 되어 회사의 허리 역할을 해야 하는 입장이다 보니 이제는 선택의 시간이 다가왔다고 판단했죠. 모든 것을 경험해볼 수 없는 상황에서 회사 경영 전반에 걸친 내용을 배우면서 저에게 제일 맞는 분야를 찾아보고 또 그 분야로 갈 수 있는 발판을 마련하는 것이 MBA라고 생각했습니다. (연세대 MBA에는 심화전공이 있어, 원하는 분야에서 일정 학점을 이수하면 졸업장에 심화전공이 함께 나와요. 발령 면담 때 들이밀면 원하는 곳에 갈 수 있지 않을까 하는 믿음도 아주 조금 있었죠.)

마지막으로는 '다시 학생이 되는 설렘'을 들 수 있겠네요. 무슨 뜬금없는 소리냐고 할 수 있겠지만, 입학 후에 가장 많이 느낀 게 바로 이것이었어요. 사회 생활을 하다 보니 이제는 정말 새로운 사람들을 만나기보다는 기존 사람들과의 인연을 끈끈하게 만들

더 늦기 전에 MBA 가면 어때요?

어가는 것뿐이라고 생각했어요. 하지만 MBA에서 만난 사람들은 또다시 평생 함께 갈 새로운 인연이 되어주었습니다. 더불어 다시 대학생이 된 것 같은 마음가짐으로 밤 10시 수업이 끝나고 술 한잔 기울이다가 새벽 2~3시에 귀가해 다음 날 출근하는 삶을 살아도, 그 행복함으로 다음 날이 버텨지는 매직을 경험한 것도 빼놓을 수 없죠.

학교를 선택한 현실적인 기준

회사에서 좋은 기회가 있어 뉴욕으로 3개월간 연수를 간 적이 있어요. 프로젝트를 진행하면서 하버드 재학생부터 스타트업 기획자 등 수많은 사람을 만나고 인터뷰를 했는데요. 이를 통해 더 넓은 세상에 대한 동경이 생겼습니다. 그때의 마음은 정말 회사를 그만두고 당장이라도 눌러앉아 공부를 할 수 있을 것 같았어요.

그러나 한국에 돌아오고 여러 현실적인 제약에 부딪혔죠. 그러다 '언젠가 외국에 박사를 하러 가게 된다면…'이라는 생각으로 외국에서 학위가 인정되는 석사 과정을 찾아봤습니다. 하지만 우리나라에는 두 군데밖에 없기도 했고, S대는 풀타임밖에 없어 휴직하고 가야 했죠. 그래서 다시 '정말' 현실로 돌아왔어요.

현실적으로 퇴근 후 이동 경로와 시간 또한 무시할 수 없는 장벽이었습니다. 그래서 내린 결정. 만약 내가 이직을 하게 된다면 이력서에 쓰기 좋으면서, 캠퍼스도 예쁘면 좋겠고(이해가 안 된다면 카카오프렌즈 카드를 발급받기 위해 카카오뱅크를 사용하는 사람들이 많다는 사실을 생각해주세요), 여러 가지 체험프로그램을 함께 갖춘 곳. 그래서 연세대학교 MBA를 선택하게 되었습니다.

MBA에서 얻은 것, 경험한 것

MBA에서 들은 수업 중에 '광고론' 수업이 인상 깊었어요. 굉장히 젊은 여자 교수님이 강의하셨는데, 실제 사례들을 중심으로 수업을 해주셔서 업무에 도움이 많이 되었습니다. 특히 전통적인 광고에서 벗어나 통합 마케팅 관점에서의 광고 전략을 최신 연구자료들을 바탕으로 혼합해서 설명해주셔서 흥미로웠습니다. 물론 매주 아티클을 읽고 과제를 하고 토론을 하는 과정들이 힘들기는 했지만, 학기를 마치고 나니 제일 기억에 남는 수업이었습니다.

MBA에 와서 새롭게 경험한 것도 많아요. 첫 번째로 주식. 아이러니하게도 금융회사에 다니면서도 보수적 투자성향을 가진 저로서는 적금과 보험이 금융 생활의 전부였습니다. 그런 제가 주식을 시작하게 된 건 다양한 업종에 다니는 사람들을 만나면서 시야가 넓어지게 된 이유가 큽니다. '끼리끼리는 사이언스'라고 친구들도 다 저와 비슷한 부류라 MBA에 오기 전까지 그 안에서 안주하고 살았다면, 지금은 MBA 동기들과 매일 롤러코스터 타는 기분으로 살고 있습니다(물론 주식에 입문하면서 자연스레 코인도 같이 하고 있기 때문이기도 하지만).

두 번째로 선거 활동. 대학생 시절에는 학생회 등 감투를 쓰는 일보다 그저 놀러 다니는 걸 좋아해서 답사 동아리 활동만 열심히 했어요. 그랬던 제가 원우회장 후보로 출마하는 원우를 돕게 되면서 처음으로 '선거 홍보영상'도 만들고 선거 포스터와 홍보 문구 등을 고민하는 시간을 보냈어요. 항상 남의 일처럼 지켜보기만 하던 선거 활동이었는데 막상 직접 그 안에 들어가 보니 이 또한 얼마나 치열한 경쟁인지 체감할 수 있었습니다. 이제는 선거철에 날아오는 각종 홍보자료와 포스터가 얼마나 많은 고민 끝에 나온 산출물인지 체감하는 정도랄까요? 실제로 이후 진행된 선거 포스터와 자료들을 매우 꼼꼼하게 읽어보게 되었죠.

마지막으로 학점 걱정 없는 즐거운 수업 시간. 교수님들이 학점을 펑펑 퍼주신다는 의미는 절대 아닙니다. 저와 맞지 않는 몇몇 과목에서는 마음의 상처를 받기도 했으니까요. 다만 학교에서도 회사에서도 '경쟁'이라는 굴레 안에서 살아왔는데, 다들 직장인 신분으로 학업을 병행하다 보니 상부상조(?)의 정신이 깃들어 있었습니다. 서로 과제를 도와주고, 분업도 체계화되어 있고, 특히 각자 잘 알고 있고 잘하는 전문 분야가 있었기 때문에 각 과목의 에이스들이 나타나 구세주처럼 공부를 도와주기도 했었죠. 실제로 동기들 없이 혼자 수업을 받았다면 매우 지루하고 또 힘들었을 텐데, 서로에게 힘이 되어주는 동기들이 있어 함께 고난과 역경을 헤쳐나가는 만족스러운 수업 시간이 되었습니다.

일단 하면 후회 없는 MBA

"결혼은 해도 후회, 안 해도 후회."라는 말을 많이 들었어요. 그 말을 들을 때마다 문득 그런 생각이 들었습니다. 하고 후회하는 게 나을까, 하지 못해서 아쉬워하는 게 나을까. 아마 MBA 진학을 고민하는 당신도 이 연장선에서 생각하고 있을 거예요. 'MBA, 해보고 싶은데, 해도 될까? 할 수 있을까?' 하지만 결혼과 MBA가 다른 점은, 결혼은 하든 안 하든 후회를 하지만 MBA는 일단 하면 후회가 없다는 점입니다(매우 확신할 수 있어요). 이유야 어쨌든, MBA를 고민할 정도라면 이미 수학에 대한 열정은 갖춰져 있을 테니 말이죠. 거기에 더불어 앞으로 평생 갈 나의 사람들을 만날 수 있고, MBA가 아니라면 경험하지 못하는 일들이 펼쳐지며, 이 졸업장이 평생의 업적 중 하나가 될 것이라면 고민할 이유가 있을까요? 고민은 배송을 늦출 뿐이라는 말처럼, 고민은 졸업식을 늦출 뿐입니다.

지금 진학을 고민하다 시기를 놓쳐

내년 이맘때쯤 또다시 모집 요강을 찾아볼 것 같거나,

다시 돌아오지 못할 대학 생활에 대한 아련함이 있거나,

'언젠가 나는 석사 학위를 취득하지 않을까?'라는 생각을 하고 있다면,

당신은 지금 당장 MBA에 원서를 제출해야 하는 사람!

고민보다 한 번 해보는 걸 강력히 추천합니다.

Just Do it!

MBA에서도
낭만을 찾아요

박성연 원우

저는 '수포자'였어요. 수학을 포기한 자. 아니, 수학이라는 과목을 접하기도 전에 저는 산수부터 싫어했습니다. 초등학교 저학년 때부터 산수 시간이 있으면 학교 가기가 싫었고 숫자는 왜 존재하는 것인가를 고민했어요. 언어와 문화에 관심이 많았고 공상과 여행, 시사 다큐멘터리를 좋아했습니다. 수학을 못 해서 평생 열등생 취급을 받는데 대학생이 되니 원하는 과목을 선택해서 들을 수 있었어요. 행복했죠. 술을 마시는 것보다 도서관에서 책을 읽으며 과제를 하는 게 더 즐거울 정도로요.

더 늦기 전에 MBA 가면 어때요?

사기업에 취업할 생각은 없었어요. 제가 아니어도 훌륭한 사람들이 기업의 이윤 추구를 위해 밤낮없이 일하고 있고, 무한경쟁의 현대사회에서 남보다 뛰어나야 성공하는 분위기에 저 스스로 맞지 않는 인간이라 생각했습니다. NGO에서 인턴을 했고 부의 불평등을 해소, 아니 불평등한 지구에서 소외받는 사람들에게 조금이라도 도움이 될 만한 일을 하고 싶다고 생각했어요.

돈을 모은 후 퇴사하고 유학을 가겠다는 목표로 취업을 했으나 돈은 왜 모이지 않는지… 사실 아직까지 없는 게 돈이기도 하고. 아이러니하게도 미국 자본주의 역사의 중심에서 큰 역할을 하고 있었던 미국계 은행 한국 법인에 10년 넘게 재직 중입니다. 앞에서 이야기한 꿈은 기부금을 조금 내는 것으로 간접 실행 중이에요.

내가 MBA에 지원한 이유

첫 번째, 지식 습득이었습니다. 비상경 계열에 숫자조차 좋아하지 않던 저에게 금융권에서의 근무는 시작부터 고역이었습니다. 의지와 상관없이 리스크관리 부서에서 근무하기도 했고 기업금융 업무 부서에서 대기업 재무팀과 카운터파티로 일하기도 했어요. 업무는 재미있었으나 기업의 재무적인 목표와 비재무적인 목표는 무엇인지, 기업의 관리는 어떻게 하는 것인지, 좋은 기업이란 무엇인지 등 궁금한 것들이 많이 생겼습니다. 특히 얼마 전 입사한 지 만 10년이 되었는데, 이만큼 일했는데 스스로 잘하는 게 무엇인지, 남보다 잘 아는 게 무엇인지 떠올려봤을 때 생각나는 것이 하나도 없어 자괴감이 들었어요. 공부를 더 해야겠다고 결심했습니다.

아, 생각해보니 회사에 MBA 졸업한 사람들이 좀 있는데 잘난 사람도 있고 잘난 척하는 사람도 있네요. 저도 둘 중 하나라도 해보고 싶었습니다.

두 번째, 리프레시를 위해서였습니다. 10년 동안 한 회사에서 일만 하고 같은 회사 사람들만 보고 살았어요. 개인적으로 친구가 많은 것도 아니고 잘 노는 것도 아니다 보니 스트레스를 많이 받는데 잘 풀지도 못했죠. 그나마 운동 정도? 답답했어요. 학교에 가면 공부도 하고 새로운 친구들도 만날 수 있을 거라는 생각이 들었습니다. 스무 살 때 제대로 즐기지 못한 캠퍼스의 낭만은 덤이고요.

학교 생활이 즐거울 것 같은 곳

회사 업무만으로도 제 인생은 힘겨웠습니다. MBA 과정을 무사히 마치기 위해서는 돈과 시간을 크게 들여야 했기에 학교 선택을 앞두고 고민이 많아질 수밖에 없었어요. 회사 일을 병행해야 하므로 풀타임 MBA만 있는 S대는 제외했고 나름대로 제 마음속 순위를 정했죠. 머리로는 도저히 고를 수가 없어 원하던 곳의 입학 설명회에 모두 참석했습니다. 매우 귀찮았음에도 불구하고 시간을 들여 설명회를 참석하기를 잘했던 것 같아요. 결론적으로는 ① 회사까지의 거리 및 동선, ② 커리큘럼, ③ 학교 시설을 중점적으로 고려하게 되더라고요.

'공부하는 데 학교까지의 거리가 뭐가 중요하지?' 이런 생각을 한 적도 있습니다. 하지만 저는 뚜벅이예요. 대중교통을 이용해야 하는데 실제로 퇴근하고 학교들을 방문해보니 확신이 들었습니다. 안 그래도 지쳐 있는데 퇴근 후 학교 가는 길이 힘들면 학교 생활이 고통스러울 것이라는 확신이. 연세대는 제가 근무하는 광화문에서 버스로 쉽게 접근이 가능했고, 택시를 타면 15분 정도 소요되더라고요. 경영관은 지하철역에서 조금 멀지만 감안할 수 있는 정도였습니다.

그다음 고려한 것은 '얼마나 내가 원하는 과목을 들을 수 있는 재량이 많은가?'였습니다. 연세대는 평일에 세 번 학교에 가야만 합니다. '바빠 죽겠는데 일주일에 세 번이나 학교에 갈 수 있을까?' 하는 걱정이 크더군요. KAIST는 수학 기간이 긴 대신 일주일에 두 번 정도 가면 되고 고려대는 정규 학기 수업 중에도 토요일 수업이나 온라인 수업이 있어 평일에 세 번까지 가지 않아도 됩니다. 심지어 연세대는 전공필수 과목이 가장 많은 데다 전공필수 과목의 경우 교수님을 선택하는 것도 불가능하며 계절학기를 제외하면 토요일 수업도 없어 선택의 여지가 가장 적은 곳이라는 점은 마음에 걸렸습니다. 다만 연세대 경영대에는 오랜 역사와 전통을 자랑하고 훌륭한 교수진이 있고, 2년 금방 간다는 생각으로 이 부분을 타협했습니다.

학교 시설은 '밤에만 학교에 가는데 학교 시설이 중요한가?'라는 생각에 아예 고려하지 않았던 부분입니다. 그러나 돌아보니 중요한 것 같아요. 합격 후 어떤 학교에 갈지 고민이 많았는데 날씨 좋은 날 아이비로 덮인 언더우드관을 바라보며 백양로를 여유롭게 걷다가 최신식으로 지어진 경영대에 들어가니, 연세대에서 좀 더 학교 생활을 잘할 수 있을 것 같다는 생각이 들었습니다. 물론 다른 학교 경영관도 시설이 매우 좋습니다. 그러나 술을 많이 먹는다고 해서 자신이 없었어요. 저는 술을 잘 못 마시니까…요.

더 늦기 전에 MBA 가면 어때요?

솔직히 힘든데, 즐겁기도 하고…

정말 매 순간 너무 힘들어요. 솔직한 제 마음입니다. 이런 생각이 들거든요.

'내가 왜 이 돈을 내고 이 미친 짓을 하고 있을까.'
'회사 일도 힘들어 죽겠는데 과제는 왜 이렇게 많은 거야.'
'혼자 하는 거면 그냥 대충 하겠는데 조별 과제니까 더 신경 써야 하잖아.'

그런데 또 이런 생각도 들죠.

'아, 그런데 술자리에 가면 왜 이렇게 즐겁지.'
'수업 끝나고 마시다 보면 새벽 2시는 우습네.'

즐거운 시간을 보내고 다음 날 회사에 가면 죽을 거 같아서 멍때리고, 점심시간 쪼개서 자고… 그러다 또 이런 생각이 들죠.

'이러다 학교 다닌다는 핑계로 회사 일 똑바로 안 하냐고 한 소리 듣는 거 아닌가.'

'아, 힘들다.'

'그런데 왜 이렇게 사람들 만나는 게 재미있는 거야.'

'아, 미치겠다.'

이렇게 롤러코스터를 탄 느낌으로 생활하고 있습니다.

MBA에서 알게 된 어울림의 즐거움

저는 조별 과제가 싫었어요. 대학생 때 조별 과제의 경험을 떠올려보면 더욱 그랬죠. 좋은 팀원을 만나서 즐겁게 과제를 했던 경험도 있지만, 그보다 짜증이 나는 상황이 더 많았으니까요. 남 때문에 피해 보는 것도 싫었고 남 덕분에 잘하는 것도 싫었고 그냥내 할 일은 내가 하는 게 가장 좋다고 생각했습니다. 문제는 그런 생각 때문에 회사에서 일할 때 힘이 많이 들었다는 점이죠.

어릴 때는 주어진 일만 열심히 하면 됐으나, 점차 연차가 쌓이고 업무 범위가 넓어지면서 혼자 모든 일을 하기란 불가능하다는 걸 경험했습니다. 같은 일이라도 팀원들과 나누고 협업하고 소통하면 훨씬 효과적으로 할 수 있는 것들이 많은데 실제로 그렇게 하는 것이 어려웠습니다. 그러나 MBA에서는 매 학기 거의 모든 수업에 팀 과제가 있어요. 친한 사람들과 함께하기도 하고 낯선 사람들과 함께하기도 하지만 그런 다양한 조별 과제 속에서 자연스럽게 협업(co-work)과 커뮤니케이션을 할 수밖에 없습니다. 서로 잘하는 것이 다른데 부족한 부분은 채워주고, 할 수 있는 건 나눠주는 이런 경험이 저에게는 너무 소중했습니다.

MBA는 어울림의 즐거움을 더해주었습니다.

세계가 넓어지는 경험을 함께해보세요.

뜻밖의
보물 같은 MBA

주선하 원우

저는 광화문과 신촌을 오가며 주경야독하고 있는 10년 차 직장인입니다. 대학 졸업을 전후해 케이블방송사와 광고대행사에서 인턴으로 근무하며 미디어 산업에 관심을 갖게 되었고, 2012년 조선일보 미디어경영직으로 입사해 현재는 재경국에서 근무하고 있습니다. 회사의 지원으로 MBA 과정을 시작할 수 있었고 2년 동안 재미있는 경험을 많이 했습니다. MBA 진학을 고민하는 분들에게 도움이 되었으면 마음에 함께 집필했어요.

더 늦기 전에 MBA 가면 어때요?

시야를 넓혀준 MBA

처음 회사에 대학원을 가겠다고 했을 때 썼던 지원 동기는 '미디어 비즈니스 전문가가 되겠다.'라는 것이었습니다. 당시 경영기획실에서 근무하면서 여러 분야 전문가들을 만나며 스스로 좀 더 전문성을 쌓고 싶다고 생각했거든요. 학부 시절 정치외교학과 경제학을 전공하며 경영학과 수업은 원론을 들은 정도였기에 경영전문대학원에 진학해 좀 더 깊이 있게 공부하고 싶다는 마음도 있었습니다. MBA에서 배운 것들이 미디어 산업에 대한 시야를 넓히는 데 도움이 되고 있어요.

그렇게 MBA를 결심하니, 모교로 돌아가고 싶다는 마음이 커지기도 했어요. 지방에서 상경한 학생은 졸업하고 나서도 쉽게 학교 근처를 떠나지 못한다고들 합니다. 서울이라는 낯선 땅에서 처음 뿌리내린 곳이기 때문입니다. 저 역시 스무 살에 첫발을 내디딘 이후 20대의 대부분을 신촌에서 보냈고, 신촌을 떠난 이후에도 학교에서 보냈던 시간이 그리워지곤 했거든요. 이러한 마음이 학교 선택에 영향을 주었습니다. "대학원은 직장(집)과 가까운 것이 최고."라는 선배들의 조언도 영향을 미쳤고요. 학교에 다닐수록 통학 거리가 정말 중요하게 느껴졌습니다.

MBA는 특별한 여행이다

여행을 좋아하는 저에게 MBA에서의 2년은 특별한 여행처럼 느껴졌습니다. 여행을 떠나면 낯선 사람에게도 쉽게 마음을 열듯이, MBA에서 만난 사람들 역시 여행지에서 만난 사람들과 비슷했습니다. 사회 생활을 시작하고 만난 사람들과 이렇게 나이와 성별을 떠나 열린 마음으로 친구처럼 어울릴 수 있는 것이 신기하게 느껴졌습니다.

꼬리에 꼬리를 물고 일어나는 일들도 즐거웠습니다. 책을 쓰고 있는 지금도 그렇습니다. 수업을 들으며 친구를 사귀고, 친구를 따라 더 많은 사람과 어울리게 되고, 그들과 함께 책까지 출간하게 된 일련의 흐름이 재미있었습니다. 예상하지 못한 이런 경험들이 소중하게 느껴졌습니다. 저처럼 '경험'을 중요하게 생각하고 새로운 여행지에서 기쁨을 느끼는 사람이라면 MBA 안에서 저와 비슷한 즐거움을 느낄 수 있을 것이라고 생각합니다.

힘들었던 순간도 추억으로

당연히 힘들었던 순간도 있었습니다. 2학년 1학기 모듈1은 과제

폭탄이 떨어지면서 유달리 힘들게 느껴지는 시기였습니다. 매주 영어로 된 케이스를 여러 개 읽고 과제를 제출해야 했는데, 후반 마지막 조별 발표를 앞두고서는 시간이 너무 부족해 같은 조 조원들과 새벽까지 컵라면을 먹으면서 준비한 끝에 간신히 발표를 마쳤습니다. 집으로 돌아가는 차 안에서 '무슨 부귀영화를 누리 겠다고.'라는 생각도 들었지만, 무념무상으로 PPT와 워드 파일을 만들던 시간도 지나고 나니 재미있는 추억으로 남았습니다.

일주일에 세 번 퇴근 후 저녁 7시부터 10시까지 수업을 들으며 쏟아지는 과제까지 하는 것은 쉬운 일은 아니었습니다. 어려운 고비를 함께 넘어준 원우들에게 감사하고, 수업을 마치고 동기들과 함께 모여 밤을 지새우던 시간은 오래 지나도 잊히지 않는 추억이 될 것 같습니다.

'아하 모먼트'의 협상론

MBA에 들어와서 1학년 여름방학 계절학기에 들은 수업이 기억에 남습니다. 협상론은 손에 꼽히는 인기 강의로, 교수님이 제시하는 상황에 맞게 여러 차례 협상을 이어가는 구성으로 진행되었습니다. 경쟁사와 계약을 마친 거래처를 찾아가 마지막 설득을 하는 등 도저히 답이 없어 보이는 많은 어려운 상황을 줬어요. 그 안에서 보이지 않던 기회를 찾아내기 위해 조원들과 머리를 맞대야 했습니다. 협상이 끝난 뒤에는 교수님께서 각 조의 협상 결과에 점수를 매기고 원우들이 보지 못한 부분을 짚어주셨는데, 여러 차례 '아하 모먼트(aha moment)'를 겪으며 무릎을 쳤던 기억이 납니다.

사람을 통한 배움, 새로운 경험

MBA 학비가 부담스럽다는 사람이 많죠. 하지만 저는 '사람을 통한 배움'과 '새로운 경험'이라는 측면에서 MBA가 값어치를 한다고 생각합니다. 스스로 30대 중반까지 치열하게 살아왔다고 생각했지만, 이곳에 오니 '치열하게 살기'의 끝판왕들을 만난 기분이었습니다. 열정이 있는 사람을 좋아했기에 뜨겁게 사는 사람들이 가득 찬 이곳이 더 즐겁게 느껴졌습니다. 일과 공부와 가정생활과 네트워킹을 완벽하게 해내는 동기들을 보면 에너지를 나눠 받는 기분이 들기도 했습니다. 많은 사람과 관계를 맺으며 상대방이 보는 저의 모습을 통해 스스로 어떤 사람인지 돌아보고 깨달아가는 것도 의미 있는 시간이었습니다.

뜻밖의 선물이 되어준 MBA

MBA 과정은 무미건조하던 날을 보내던 제게 뜻밖의 선물과 같았습니다. 갖고 싶던 선물이었는데, 그 옆에 1+1으로 생각지 못한 사은품들까지 가득 딸려온 기분이었습니다. 원우들과 함께 국내 여행지도 많이 가보고, 일요일이면 테니스를 배우고, MBA 독서 모임에 가입해 자정이 넘도록 책을 토론한 것도 잊지 못할 경험이었습니다. 원우들에게 배워 주식 계좌 개설도 처음 해봤고 스포츠 문화국 행사 준비도 하며 해보고 싶던 것에 더해 생각지 못한 것들까지 경험해볼 수 있었습니다.

처음엔 2년이라는 기간이 길게 느껴졌고 무사히 완주할 수 있을까 걱정도 했지만, 2년은 정말 금방 흐릅니다. 걱정이 앞서 망설이는 분이 있다면 도전해보셨으면 합니다. 저의 도전을 시작할 수 있게 지원해주신 회사에 감사하고, 즐거운 추억을 만들어준 원우들에게도 감사의 마음을 전합니다. 이 여행이 끝나도 오랫동안 함께 성장할 수 있는 관계로 남았으면 합니다.

직장 생활에 어려움을 느낄 때면 협상론 수업을 떠올리며 용기를 얻습니다.

어려운 상황을 용기 있게 돌파하던 케이스 속 주인공들처럼,

어려운 상황에서도 용기를 잃지 않는 사람이 되고 싶습니다.

삶의 리프레시가
되어준 MBA

전선함 원우

지금 읽으시는 이 책의 전반적인 편집을 맡은 편집자, 86년생 호랑이띠! 전선함입니다. 옷을 사는 걸 좋아해서 들어온 의류회사에서 옷과 전혀 상관없는 세무팀에 배정받아 어느덧 8년이 넘게 커리어를 쌓았습니다. 그리고 수많은 과제와 시험으로 힘들던 지난 해 가을, 재무팀으로 예정에 없던 부서 이동을 하면서 휴학을 고민할 정도로 힘들었지만 잘 버텨내고 과장의 탈을 쓴 사원으로 2년 차를 맞이하고 있어요.

취미로 블로그도 가끔 하고 있습니다. 단순 개인 기록 및 가끔

더 늦기 전에 MBA 가면 어때요?

의미 없는 리뷰를 올리고 있죠. 책을 보시다가 추가로 궁금한 점이 있으시다면 쪽지나 댓글을 통해 질문 주세요. 답변 가능한 선에서 답변드리겠습니다. 블로그(blog.naver.com/jsh8637)로 놀러오세요!

아주 보통의 지원 동기

원대한 꿈과 목표를 가지고 MBA에 입학한 원우들의 멋진 지원 동기를 보며 제 이야기가 멋없어 보이기도 하지만, 어쩌면 가장 일반적일 수 있다는 생각이 들었어요. 그런 면에서 개인적으로 MBA 지원을 고민하는 분들에게 MBA라는 단어가 주는 심리적인 허들이 낮아질 수 있으면 좋겠다는 바람을 담았습니다.

저는 우연히 회사의 학비 지원을 받아 MBA에 올 기회가 생겨 지원했어요. 솔직히 MBA에 지원하기 직전까지 MBA는 임원진 분들이 가는 과정이라고 생각했거든요. 사정상 일정이 촉박했던 관계로 학교별 전형에 일단 지원한 후에 MBA를 과연 가야 할지, 스스로 합리화할 이유를 찾기 시작했습니다.

회사의 지원은 회사마다 조건이 다르긴 하지만 조건 없이 이루어지는 곳은 없습니다. 저 역시 조건이 붙어 있었고요(아마 지구

상에 그런 회사는 없을 거라고 믿고 싶네요). 보통 일정 이상의 학점과 더불어 회사가 제시한 근속 기간을 채우지 못하면 일부 혹은 전액을 물어내는 조건입니다. 그렇기 때문에 적어도 제가 전액을 물어낸다고 해도 갈 만한 가치가 있어야 한다고 생각했습니다.

합리화를 위한 첫 번째 이유는 경영학 전공에 대한 갈증입니다. 학부 시절 사회과학 계열로 입학해 정신없이 놀다 보니 학점이 0.1점 모자라 당시 가장 인기 있던 경영학과에 지원하지 못했어요. 결국 2순위였던 경제학과로 진학하게 되었습니다. 경제학과에 대한 불만은 없어요. 애초에 심리학을 복수전공하면서 경제학과 수업을 그리 많이 듣지도 못했거든요. 하지만 원래 해본 것에 대한 후회보다는 해보지 못한 것에 대한 후회가 더 크다고 하잖아요? 그래서인지 경영학 전공에 묘한 호기심이 있었습니다.

그 외에 경영학이 필요했던 다른 이유를 찾아보기도 했습니다. 심리학을 복수전공하면서 회계 원리조차 수강하지 않고 세무팀에 배정되어 고생했던 기억 때문일 수도, 혹은 재무팀에서 근무하고 있지만 이력서를 살펴보면 세무팀 업무 경력을 제외하면 재무와 관련해 서류로 증명할 수 있는 업무 관련 '스펙'이 전혀 없기 때문일 수도 있겠습니다.

합리화를 위한 두 번째 이유는 자기계발에 대한 갈증입니다(무슨 갈증 시리즈를 기획한 것도 아닌데 글을 쓰며 돌이켜보니 갈증이 많은 스

더 늦기 전에 MBA 가면 어때요?

타일인 것 같네요). 저는 주변을 봐도 유난히 자기계발에 관심이 많은 편입니다. 새로운 것을 배우거나 자격증을 공부하는 등 항상 무언가 하고 있어야 내가 발전하는 느낌을 받아요. 여기까지 자기자랑 하듯 끝내면 좋겠으나, 문제는 일단 시작하고 경험해본 후 이걸 내가 할 수 있을지 아닐지에 대한 판단을 스스로 너무 빨리 내려요. 차라리 해보기 전에 고민하고 안 해도 될 걸, 돈과 시간을 써봐야만 스스로 납득한다고 해야 할까요?

마침 MBA에 지원할 때는 건강상의 이유로 운동에 집중하던 시점이었어요. 슬슬 운동 외의 자기계발이 필요하다고 느끼던 시점이기도 했고. MBA는 특성상 힘들지만 혼자가 아니라 동기 원우들과 함께하는 과정이라는 점에서 내 판단만으로 중도 하차하지 않을 수 있을뿐더러 졸업과 동시에 '석사'라는 눈에 보이는 성과를 낼 수 있다는 점이 끌렸습니다.

물론 이런 생각을 해도 전액을 물어낼 정도의 가치를 느끼고 완벽하게 합리화에 성공했던 것은 아니에요. 결국은 제 성향으로 인해 확신은 없지만 끌리는 부분이 있으니 일단 시작해보자는 쪽으로 결정을 내렸습니다. 함께여서 버틸 수 있던 시간이었지만 어느덧 졸업을 앞두고 있는 것을 보면 #MBA #선택 #성공적이었던 것 같네요.

학교를 고민한 선택 요소

대학교 입학을 위해 수능을 공부하던 고등학생 시절, 마치 "태.정.태.세.문.단.세."와 같이 수능 점수 컷이 높은 학교부터 학교별로 첫 글자를 따서 주문처럼 외우던 기억이 있으신가요? 저는 나이가 들어서도 그 주문에서 벗어날 수 없었는지 결국 그 순위에 맞춰 두 곳의 학교를 먼저 골랐습니다.

그 둘 중에서 커리큘럼 내에 '세무' 과목이 하나라도 있던 연세대 MBA를 선택했어요. 당시에는 세무팀에서 근무하고 있었거든요. 또 학교라는 만남의 장을 통해 다른 회사에서는 세무 신고를 어떤 방식으로 하고 있고, 제가 하는 방식과 어떻게 다른지, 제가 하는 업무를 좀 더 개선할 방안은 없을지 등 공식적인 루트로는 얻기 어려운 내용에 대해 원우들과 편하게 이야기해보고 싶었어요.

결론만 말씀드리면 세무 실무를 담당하는 원우를 만나지 못해 이 목적은 전혀 달성하지 못했습니다. 하지만 의도치 않게 집에서 가까운 학교를 선택한다는, 지금 생각해보면 가장 중요한 조건이 충족되었고 만족스럽게 다닐 수 있었습니다. 사실 회사나 집에서의 거리는 나머지 부분이 마음에 들면 어느 정도 포기할 수 있다고 생각했는데, 다녀보니 의외로 매우 중요한 요소임을

더 늦기 전에 MBA 가면 어때요?

강조하고 싶습니다.

MBA는 입사한 후에 겪어볼 일이 없는 2년짜리 장기 과정, 그 것도 수업만으로 일주일에 최소 3일을 통학해야 하는 '빡센' 과정이에요. 단언컨대 무엇을 생각하든 그 이상일 것이라 확신합니다. 그래서 입학 면접을 볼 때 학교마다 "매일 업무를 마치고 수업이 시작하는 7시까지 도착할 자신이 있느냐?"라는 질문이 빠지지 않더라고요. 게다가 막상 다녀보니 학교에 7시까지 도착할 수 있는 것으로는 모자라요. 2년 내내 일주일에 3일씩, 밤 10시까지 굶으며 수업을 들을 요량이 아니라면 6시 30분까지는 도착할 수 있어야 합니다. 강의실 근처에 간식이라도 사먹고 싶다면 말이죠.

또한 수업이 10시에 끝난다고 10시에 집에 갈 생각이라면 진지하게 계획을 수정해야 합니다. MBA에 지원하는 동기 중 하나가 네트워킹인 만큼 수업 후에 술 한잔하는 시간 또한 빠질 수 없으니까요. 그냥 수업이 1교시라면 술자리를 2교시라고 생각하면 편해요. 1학년 당시에는 수업이 있는 날이면 빨라야 새벽 3~4시에 들어갔던 기억이 납니다(항상이라고 할 정도로요). 심지어 하루는 수업 후 조 모임을 끝내고 집에 돌아와 침대에 누워 시계를 보니 새벽 6시, 해가 뜨는 것을 보며 잠들었다가 1시간 반 후에 다시 일어나 출근했던 적도 있어요. 더 이상 설명이 필요 없겠죠? 이 말은 곧 거의 매일같이 택시를 타야 한다는 의미입니다. 술값도 만만치 않은데 택시비라도 아끼려면 조금이라도 가까운 게 좋은 것 같아요.

제 경우는 마침 회사에서 칼같이 퇴근하면 간식 정도는 사 먹을 수 있고, 수업과 술자리가 끝난 후에는 술도 깰 겸 겸사겸사 30~40분 정도 걸려 걸어갈 수도 있는 좋은 위치에 연세대가 있었습니다. 하지만 사실 집에 가는 길은 나중에 생각할 문제예요. 졸업하려면 우선은 수업에 출석하는 것이 중요하므로 제시간에 도착하는 것에 중점을 두면서, 그중에 집과 가까운 학교가 어느 곳인지를 고려한다면 더 만족스러운 MBA 생활을 할 수 있겠습니다.

실은 영어로 진행되는 MBA도 고려한 적이 있어요. 경영학에 대한 지식 습득과 영어라는 두 마리 토끼를 동시에 잡아보겠다는 생각이었는데, 돌이켜보니 생각만 하길 잘한 것 같습니다. 졸업을 위해 원어 수업을 들어야 했는데, 영어로 기본적인 의사소통 및 읽고 쓰는 것에 불편함이 없어야 원활한 수업이 가능함을 느꼈습니다. 더불어 영어 실력이 기준 이하라면 다른 원우들의 수업에 방해가 되고, 본인도 수업 내용을 통해 얻어가는 것이 없습니다. 여러모로 본인의 영어 실력을 객관적으로 판단해 지원하는 것을 추천합니다.

MBA에서 인상 깊었던 수업들

개인적으로 세 개의 수업이 기억에 남습니다.

먼저 첫 번째는 '비즈니스 게임을 통한 의사결정'이라는 수업입니다. 이 수업은 팀별로 인건비, 생산량 등 기업 운영과 관련된 여러 가지 조건 값을 입력한 후 게임 내 시간에 해당하는 턴(Turn)을 진행하면 각자의 상호작용으로 인해 매출 실적, 시장점유율 등의 지표가 합산되어 1~8등까지 등수가 정해지는 게임을 진행하는 수업입니다. 이러한 웹게임 방식의 수업은 경영학부 출신이라면 한 번쯤은 경험했을 법한 것이 아닐까 싶습니다.

개인적으로 패션의류 기업에서 일하는 입장에서 이 수업에서 활용한 게임이 신발 제조 분야였던 덕에 더 친숙하게 다가갈 수 있었던 것 같아요. 막상 게임 내용 자체가 회계 등과 아무런 상관이 없지만, 당시 부서가 세무팀이었던 덕(?)에 일할 때 숫자를 많이 쓴다는 이유로 저는 CFO의 역할을 맡았습니다. 편안한 마음으로 화기애애하게 시작했던 연습 게임에서 8개 팀 중 8등을 기록하면서, 저희 조는 다들 편안함을 버리고 비장한 각오로 메인게임에 임했죠.

수업 시간에 숫자 넣고 돌리는 게임이 도대체 뭐라고, 혼자서 새벽 3시까지 엑셀로 이리저리 전략을 짜고 재무제표를 분석하며 시키지도 않은 보고서를 작성했던 기억이 납니다. 막상 제 돈을 가지고 하는 투자는 이렇게 밤새며 분석하지 않는 것을 반성하게 되네요. 저는 CEO의 역할이 아니었기에 제가 제시한 전략들이 모두 실행되지는 않았어요. 절반 이상은 기각되었던 것 같네요. 그럼에도 스스로 분석하고, 의견을 제시하고, 슬프게도 기각된 의견을 바탕으로 전략이 발전되는 모습을 지켜보며 나름의 뿌듯함이 있었습니다.

게임 내 입력하는 변수의 수는 현실과 비교하면 말도 안 되게 적을 거예요. 게다가 예측 불가능한 외적인 변수들도 전혀 없죠. 그럼에도 그 몇 안 되는 요소만을 고려해 전략의 방향을 결정한다는 것조차 너무나 어렵게 느껴졌습니다. 수많은 부서에서 끊임없이 보고가 올라오고, 그 가운데 결정을 내려야 하는 CEO의 역할이 엄청난 것임을 새삼 느낄 수 있었죠. 더불어 의견의 홍수 속에서 그 결정이 흔들리지 않고 일관성을 가지기 위해서는 CEO에게는 회사의 방향에 대한 명확한 본인만의 비전이 있어야 함을 깨달았습니다.

그래서 결국 게임은 어떻게 되었냐고요? 중간까지 1등을 차지했다가 마지막에 2등으로 밀려났지만, 만족할 만한 결과물(=학점)을 얻었습니다. 다른 원우들도 이 과목을 기억에 남는다고 하더라고요.

두 번째 수업은 '기업윤리와 책임'입니다. 이 수업에서 제가 속한 조는 특정 해외 대기업의 CSR 정책에 대한 분석 및 평가라는 주제를 맡았습니다. 마침 제가 다니는 회사와 같이 패션업을 영위하는 기업이었어요. 해외기업들이 CSR 측면에서 좀 더 엄격한 기준이 있는지 모르겠으나, 해당 기업의 CSR 보고서는 무려 200페이지가 넘는 분량이었습니다. 실제 내용을 살펴봐도 아무런 근거가 없다면 작성할 수 없을 정도로 훌륭했어요. 국내 기업 기준으로는 사실 여부를 떠나서 그만큼 상세한 CSR 보고서를 업로드하는 기업조차 본 적이 없었어요. 기업에 대한 뉴스를 살펴보아도 부정적인 기사도 마땅히 찾지 못한 관계로 CSR 보고서가 신뢰할 만하다고 판단해 과제 내의 채점 기준상 높은 점수를 부여하고 과제를 마무리했습니다.

그런데 발표자가 발표하는 과정에서 교수님으로부터 이러한 높은 점수를 준 것에 대해 부정적인 평가를 받았어요. 저렴한 가격에 물건을 판매한다면 어딘가에서 이를 착취하는 구조일 가능성이 큰데 이를 고려하지 않고 높은 점수를 부여한 것을 이해할 수 없다는 이유였습니다. 저는 이에 대한 답변으로 일반적으로 많이 사용되는 규모의 경제 등의 개념을 근거로 원가 절감이 되었을 것이라고 방어했지만 안타깝게도 반전은 없었고 결과적으로 설득에 실패했습니다(학점은… 굳이 말하지 않겠습니다). 사실 이

부분은 지금도 100% 납득하지 못했어요.

아무튼 수업은 그렇게 종강했습니다. 저는 공개적으로 제가 작성한 내용이 부정당한 것에 대한 불편한 감정이 남아 있었어요. 지금 생각해보면 교수님께서 외국인이라 좀 더 거침없이 지적하셨던 것 같고, 거기에 더해 제가 열띤 토론보다는 각자 본인이 준비한 발표를 하고 질문 없이 다 같이 박수 치며 마무리하는 전형적인 우리나라 수업에 익숙했기 때문인 것도 같네요.

솔직히 기업윤리와 책임 수업이 필수로 들어야 하는 과목이 아니었다면 저는 듣지 않았을 거예요. (그래서 필수과목으로 지정된 것 같기도 하네요.) 수업이 무난하게 마무리되었다면 여전히 관심이 없었을 것 같고요. 하지만 수업 과정에서 불편한 상황이 만들어졌고, 불편한 감정을 없애기 위해 책도 사보고 신문 기사도 읽는 등 관심을 기울이다 보니 그래도 처음보다는 CSR에 관심을 갖게 되었습니다.

이러한 경험을 바탕으로 저에게 낯선 느낌을 주는 수업을 학기마다 하나씩은 신청해서 새로운 무언가를 배우고자 노력했어요. 그 덕에 어느 학기에는 파생상품과 관련된 수업을 신청하는 만행(?)을 저지르면서 여러모로 힘들었지만 그래도 나쁘지 않은 선택이었다고 생각합니다.

마지막으로 '관리회계' 수업입니다. 관리회계 수강을 시작한 시점은 마침 제가 회사에서 원가 파트를 새로 담당하게 된 시점이었어요. 수업을 시작하면서 발표 과제가 있다면 회사 업무를 기반으로 실무에서는 원가 관련 작업을 이런 방식으로 진행한다는 방식으로 업무와 어느 정도 접목시켜서 발표를 어렵지 않게 진행할 수 있으리란 기대를 하고 있었죠.

하지만 인생이 언제나 그렇듯 생각했던 것과는 다른 방향으로 수업이 진행되었습니다. 수업은 원가회계보다 관리회계에 초점을 맞춰져 있었고, 발표 주제는 이제까지 들어본 적도 없는 BSC라는 생소한 개념으로 결정되었습니다. 그리고 보니 저는 그때까지 원가관리회계라는 과목명을 '원가'를 '관리'하는 회계로 생각했는데, 원가회계와 관리회계를 합친 과목명임을 수업을 통해 관리회계를 위주로 배운 덕에 알 수 있었네요.

BSC는 결국 다들 아시다시피 KPI와 관련이 있는 개념이었습니다. 그런데 저는 KPI에 대해 잘 몰랐어요. 아무래도 경영지원 파트에서 일하면서 정량적인 KPI보다는 정성적인 KPI의 비중이 더 높다 보니 회사의 정량적인 KPI에 대해 관심이 크지 않았습니다. 하지만 과제를 수행하기 위해 부랴부랴 회사의 정량적인 KPI를 알아보기 시작했어요. 이런 과정에서 평가 기준들을 통해 회사의 전략을 일정 부분 파악할 수 있다는 사실에 신기해하기도 했고, 실제 해당 KPI를 통해 평가받는 직원들을 간략히 인터뷰

하면서 KPI만으로 직원들을 이론적으로 생각하는 만큼 회사의 전략대로 움직이게 하기에는 부족하다는 의견도 들어보면서 현실적인 문제도 생각해볼 수 있었습니다. 회사에 존재하는 하나의 제도에 대해 좀 더 이해해 볼 수 있는, 여러모로 좋은 경험이었다고 생각합니다.

MBA에 집중할 수 있는 환경이 중요

모두에게 해당되는 상황은 아니겠지만, 저는 1학년 2학기가 끝나갈 무렵 부서 이동을 하게 되었습니다. 본래 MBA가 끝난 후 부서 이동이 예정되어 있었어요. 그러나 급작스레 유관 부서의 후배가 퇴사하게 되면서 연쇄작용으로 슬라이딩 퍼즐마냥 빈자리를 채우다 보니 그 여파가 저에게도 미치면서 부서 이동 시기가 앞당겨진 것이죠.

새로 배치된 부서는 기존 부서와 달리 전반적인 일정 자체가 짧은 간격으로 돌아가고, 일의 카테고리가 다양했습니다. 기존 부서에서 일과 시간에는 8년째 해온 익숙한 업무를 처리하고, 일과 후에는 수업을 통해 새로운 지식을 습득하던 나름 균형 잡힌 일정은 사라졌어요. 부서를 옮긴 이후부터는 일과 시간에는 새로운 업무에 치이고 결국 일을 제때 하지 못해서 이리저리 허덕이다가, 일과 후에도 계속해서 새로운 무언가를 배워야 했습니다. 균형이란 것이 사라진 일정이 반복되었죠. 그렇다 보니 점차 일정을 지속하는 것이 어려웠습니다. '휴학을 할까.' 심각하게 고민할 정도였으니, 아마 스스로도 굉장히 힘들었나 봐요.

수업마다 쏟아지는 과제도 더 힘들어졌습니다. MBA는 대부분의 수업에 조별 과제가 포함되기 때문에 단지 내 시간이 없다는 이유로 과제를 대충할 수 없어요. 모두가 회사에 다니며 낮에는 업무에 시달리고 밤에는 공부하는 입장이다 보니 나만 바쁜 것이 아니라 모두가 바쁘고 시간이 없었습니다. MBA에 오는 목적 중 하나가 네트워킹인데 조별로 수행하는 과제에 무임승차를 한다는 건 네트워킹에 굉장히 악영향을 미칠 수 있어요. 게다가 그런 무임승차 이미지가 굳어져 버리면 추후 다른 과목의 조를 구성할 때 마땅히 본인을 받아줄 조를 찾기 힘들어질 수도 있습니다.

문득 글을 쓰다 보니 예전에는 조별 과제가 많은 게 다들 바쁜 상황을 배려해주는 것이라고 여겨졌는데, 그게 아니라 과제를 허투루 하지 않게 하기 위한 장치가 아닌가 하는 생각도 드네요.

만약 본인이 MBA 과정 중에 부서 이동 혹은 이직 등 본인이 속한 환경이 바뀔 여지가 있다면 지원 시기를 늦추거나, 이동

할 여지를 없애는 등의 노력이 필요하다고 생각합니다. 가능한 MBA 자체에 집중할 수 있는 환경을 조성하고 지원해주세요.

덧붙여 이 책을 쓰는 것도 가장 힘들었던 일 중 하나로 뽑고 싶고요.

삶의 리프레시가 되어준 MBA

이번에는 MBA에 대해 느낀 장점들 중에 리프레시라는 측면에 대해 말해볼게요. 12월 입사한 한 달을 1년 차로 칠 수 있다면 어느덧 나름 직장 생활 10년 차(!)가 되었습니다. 같은 건물, 같은 업무, 익숙한 주변 동료들 사이에서 안정감을 얻을 수는 있었지만 동시에 어느 순간부터 쳇바퀴 도는 느낌을 받았던 것도 사실입니다. 퇴근 후 동료들과 그런 느낌을 공유하며 정답 없는 문제에 대한 부정적인 감정 소비가 이어지고 있는 느낌을 받을 때도 있었죠. 항상 같은 불만에 대해 반복해서 이야기하고 서로 공감해주는 그 과정이 좋으면서도 싫은 느낌이라고 할까요? 아마 긍정적인 감정을 이야기하는 자리가 상대적으로 적었기에 생기는 불균형의 문제가 아니었을까 싶어요. 그리고 회사의 불만을 회사 직원들끼리 이야기하면서 어딘가 갇혀 있는, 시야가 막힌 듯한 그런 답답한 느낌을 받기도 했고요.

그러다 MBA에 진학했고 다양한 회사에서 모인 원우들의 이야기를 들으며 좀 더 제가 느끼는 불만을 객관적으로 바라볼 수 있었습니다. 어떤 불만은 어느 회사에나 있었고, 어떤 불만은 우리 회사에만 있다는 사실을 파악하게 되면서 최소한의 답답함은 많이 사라지는 효과도 있었죠. 이런 부분이 감정적인 리프레시의 기능을 하지 않았나 생각합니다. 아마 어떤 모임을 가더라도 이만큼 다양한 회사의 구성원들로부터 여러 이야기를 가감 없이 들어볼 수 있는 자리는 없을 거예요.

더불어 마치 학생으로 돌아간 듯한 느낌을 받으며 생활할 수 있다는 점 또한 리프레시가 될 만한 포인트였습니다. 회사에 입사한 이후로 만난 사람들은 직급을 붙여 부르는 경우가 많잖아요? 대리님, 과장님 등의 호칭들 말이죠. 아무래도 업무와 관련해 만난 사람들이 대부분이니까요. MBA에 입학하면서 한동안 잊고 지냈던 형, 누나라는 호칭이 다시 입에 붙기 시작하고, 동갑내기 친구들과 초면에 반말을 사용하면서 어느덧 마음만은 대학생으로 돌아감을 느꼈습니다. 마음이 어려져서인지 괜히 어릴 때처럼 배우고 싶은 것도 많아졌고, 그만둔 지 오래된 취미들도 기억을 되살려 보기도 했어요. 그 덕에 조원들과 갔던 여행을 영상으로 만들어보기도 했고요.

블로그, 하세요?

제 블로그에는 MBA에 관련해 짤막한 기록들을 남기는 카테고리가 있어요. 그런 기록을 남기기 시작한 건 MBA 지원 당시 자료가 없어 아쉬웠던 경험 때문이에요. 처음 MBA에 지원할 때 제대로 된 정보도 검색이 안 되고 신빙성 없는 자료들이 많아 제대로 알아보는 게 힘들었거든요. 그냥 한두 줄이라도 어떤 방식으로 학교 생활을 하는지 기록을 남기면 누군가에게 도움이 될 것 같았어요. 그렇게 드문드문 블로그에 포스팅했고 아무래도 MBA와 관련된 포스팅들이 많지 않다 보니 별 내용 없이 작성한 글임에도 불구하고 MBA와 관련한 질문 등이 댓글로 달리거나 쪽지가 오더라고요. 그중 학교에 대한 고민을 댓글로 달아준 분이 계셨는데, 결과적으로 저와 같은 학교에 지원하고 합격하셔서 실제로 학교에서 커피 한잔(술도 한잔)하는 기회가 있었습니다.

요즘은 텍스트를 기반으로 하는 포털보다도 유튜브 동영상을 더 많이 검색하는 추세이기는 합니다만, 저는 이렇게 블로그에 경험을 공유하는 분이 있다면 적극적으로 다가가는 걸 추천드립니다. 생각보다 성실히 답해주는 경우가 많거든요. 저도 최근에 알아보는 과정이 있어서 다른 블로거 분께 질문한 적이 있는데 너무 친절하게 실시간으로 댓글을 달아주셔서 깜짝 놀랐습니다.

더 늦기 전에 MBA 가면 어때요?

선택과 집중의 시간

입학하기 전에 개인적으로 아쉬웠던 부분 중 하나는 한창 재미를 붙이고 있던 테니스를 지속할 수 없다는 점이었어요. 주로 화·목요일 이틀에 걸쳐 하루에 30분~1시간씩 레슨을 받고 있었는데, 매주 월·화·목마다 수업에 가야 했기에 레슨이 불가능했죠. 어쩔 수 없이 레슨을 그만두고 입학했는데, MBA 내에 테니스 동호회가 운영되고 있더라고요.

MBA에 입학함으로써 기존에 즐기던 많은 활동을 포기해야 한다는 점은 확실해요. 하지만 MBA에서 하는 모든 활동이 학업에만 집중된 것은 아니기 때문에 새로운 즐거움을 느낄 수 있는 부분도 많습니다. 그런 점에서 본인의 시간을 투자해볼 매력은 충분할 것 같습니다.

포기해야 할 활동들이 아쉬워 MBA에 지원을 망설인다면
MBA에서 그 활동들을 더 즐길 수 있는 방법을 찾아보세요.
오히려 더 좋은 방법을 찾게 될 수도 있을 거예요!

MBA, 경험을 확장시켜주다

김회택 원우

저는 경영 컨설팅 회사에서 컨설턴트로 근무하다가 지금은 의료 및 바이오 분야에서 종사하고 있습니다. 학부 때는 경제학과를 전공했습니다. 서른네 살에 파트타임 야간 MBA에 입학했고, 지금은 어느덧 마지막 학기를 다니고 있습니다.

MBA 진학을 마음먹다

원래 일반 대학원 진학을 염두에 두고 학업 준비를 시작했으나 막판에 MBA로 진로를 바꾸어 여기까지 오게 되었습니다. 아마 많은 직장인 분이 공감하실 텐데, 회사에서는 다 채워지지 않는 배움에 대한 갈증이 있었습니다. 목마름의 원인은 여러 가지가 있겠습니다. 주어진 업무를 해나가는 과정에서 자신의 능력이 미흡함을 깨닫게 되었을 수도, 또 다른 직무의 기회를 목전에 두고 선행 학습의 필요성이 생겼을 수도 있습니다. 아니면 익숙해진 직장 생활 속에서 문득 내 삶에 새로운 자극과 긴장감이 부족하다고 느꼈을 수도 있습니다. 이 중 하나의 이유라기보다는 복합적으로 작용하는 경우가 많겠죠. 저 또한 그랬습니다.

처음에는 일반 대학원 진학을 통해 그런 갈증을 없애고자 했습니다. 그러나 준비하는 과정 중에서 몇 가지 걱정들로 확신이 생기지 않더라고요. 접수 기간까지도 마음을 굳히지 못했죠. 결국 일반 대학원이 아닌 MBA 과정에 지원해 다니게 된 데는 현실적인 문제에 대한 주변인들의 조언이 많은 영향을 미쳤습니다.

먼저 학업 이후의 진로에 대해 고민하지 않을 수 없었습니다. 전공 분야에 따라 다양한 경우들이 있고 개인차가 크기 때문에, 제 이야기를 중심으로 말해볼게요. 제가 처음 관심을 가졌던 일반 대학원은 인문사회과학 계열의, 소위 순수학문 분야였습니다. 제 이야기를 들은 주변의 선배나 동료 또는 대학원을 먼저 마친 분들은, 교육자나 연구자처럼 아예 학문의 길로 나갈 것이 아니면 대학원 진학은 추천하지 않는다고 대체로 조언하더군요. 일반 대학원은 특정 전공을 좀 더 깊게 공부하기 위해 박사 과정까지 밟고자 한다면 필요하겠지만, 그렇지 않다면 투자 대비 얻는 것이 많지 않을 수 있다고도 이야기해주었습니다. 또 근무 경력의 단절을 감수하고 취득하는 석사 학위가 졸업 후 새로운 커리어를 이어가는 데 생각보다 큰 도움이 되지 않는다는 말도 하더라고요. 쉽게 말해 '먹고사는' 문제를 무시할 수 없다는 거죠.

물론 다시 한번 강조하고 싶은 건, 분야에 따라 굉장히 다양한 경우가 존재한다는 점입니다. 어떤 직장이나 부서, 특정 직무의 경우 전공 대학원을 졸업한 석사 인력을 선호하는 일도 비일비재합니다. 전문가(Specialist)로의 성장이 중요한 분야, 특히 연구기관이나 연구소와 같은 곳은 석사 학위를 필수로 요구하는 것을 넘어 박사 학위까지 필요하기도 합니다.

결국 본인이 지닌 전문성과 관심사, 향후 진로에 대해 종합적으로 숙고해본 뒤에 미리 알아보고 준비하는 것이 중요합니다. 막연하게 학업을 더 이어가고 싶다는 생각만으로는 후회할 가능성이 큽니다. 제 주위에서도 그렇게 후회하는 분들을 여럿 보았습니다. 저처럼 마지막까지 우왕좌왕하지 않도록, 학업의 목적이 무엇이고 이를 통해 무엇을 얻고자 하는지 스스로 명확하게 답할 수 있어야 합니다. 아마 저와는 달리 충분한 고민과 조사를 마친 뒤 MBA를 준비하는 분들이 더 많겠지만 말이죠.

두 번째로는 일과의 병행을 전제로 시간적·경제적 여건을 고려해야 했습니다. 제 경우 근로소득이 없는 채로 약 2년 동안 수천만 원을 지출해가며 학업에만 오롯이 전념할 수 있는 상황은 아니었습니다. 일반 대학원은 대부분 주간 풀타임 학사 과정이기 때문에 본인의 환경이나 능력 여하에 따라 탄력적으로 업무 시간을 조정할 수 있어야 하는데, 이 부분이 가능할지도 확신할 수 없었습니다. 그래서 야간 파트타임 과정을 제공하는 MBA 쪽으로 마음이 좀 더 기울게 되었습니다. 자기 사업을 하고 있거나 프리랜서로 일하는 분들은 시간에 구애받는 일이 적을 수도 있겠지만, 이 역시 시간이 곧 돈인 분들이므로 본인이 감내 가능한 기회비용에 대한 문제는 오히려 더 클 것입니다. 물론 충분한 재정적 여력이 뒷받침된다면 크게 문제 되지 않겠지만요.

학부 전공에 대한 보완책으로서 MBA를 추천하는 분들도 계셨습니다. 넓게 보면 같은 상경 계열인 경제학과를 졸업하기는 했지만, 기업에서 계속 일을 하며 성장하고자 한다면 경영학을 정식으로 공부해보는 것도 도움이 될 수 있다는 것이었죠. 경영 컨설팅사를 다니면서 가끔 경영학적 기초 지식이 부족해 어려움을 겪은 바 있던 저에게는 더욱 공감되는 조언이기도 했습니다.

특히 학부에서 이공계 전공으로 기업에 입사해 커리어를 계획하는 분들에게는 MBA를 더욱 추천하고 싶습니다. 경영학에서도 특정 세부 분야를 집중적으로 다루게 되는 일반 경영대학원보다는 경영학 전반을 폭넓게 배우는 MBA가 비전공자에게는 적합한 면이 있습니다. 최근에는 이공계 전공을 베이스로 지닌 경영자에 대한 수요가 높아졌다고 하니, 본인의 비전에 따라 적절한 시점에 MBA를 알아볼 것을 권합니다.

다만 반대로 학부 때 경영학을 전공한 분들에게는 아마 MBA, 특히 직장을 병행하는 야간 MBA에서 제공하는 강의들이 그다지 새롭지 않은 내용일 수 있습니다. 물론 사회에서의 폭넓은 인적 네트워크 확대처럼 다른 목적을 중요하게 여긴다면, 경영학 전공자에게도 여전히 MBA는 명확한 특장점이 있지만요.

경험을 확장하기 위한 MBA 선택

MBA 학교 선택에 있어 저에게 가장 중요한 원칙은 학부 때와 다른 학교로 진학하는 것이었습니다. 제가 졸업한 대학교도 MBA

더 늦기 전에 MBA 가면 어때요?

과정이 있었습니다. 학부와 같은 학교의 MBA로 지원할 때 선발에도 메리트가 있지 않겠냐며, 우리나라 사회에서 '순혈'을 유지하는 것의 의미를 설파하시던 분도 있었습니다. 그러나 결국 다른 결정을 했으니, 그분의 말씀에 따르면 저는 소위 '혼혈'이 된 셈이네요. 물론 지금도 후회하지는 않습니다.

MBA를 지원하는 분들이 각자 현명한 판단을 내릴 거라 믿습니다만, 저는 학부 때와 똑같은 캠퍼스, 똑같은 통학길, 똑같은 분위기라고 생각하면 오히려 같은 학교의 MBA가 재미없을 것 같았어요. MBA를 지원하는 것이 보다 폭넓은 배움과 경험, 외연을 확장하기 위해서라면 학교도 새로운 곳을 겪어보고 싶었습니다. 미국은 오히려 학부 때와 다른 학교의 대학원이나 MBA를 지원하는 것이 보편적이라고도 들었어요.

그다음은 널리 알려진 MBA 랭킹에 따라 몇 개 후보를 고른 뒤, 입학 설명회를 가보고 마지막으로 마음속 순위를 정했습니다. 저는 입학 설명회에서 받은 인상이 꽤 큰 영향을 주었습니다. 설명회에 가서 처음 접하게 된 정보들도 많았거든요. 설명회에 참석한 많은 분이 적극적으로 궁금한 점들을 물어보고 답하는 방식이었기 때문에 생각해보지 못한 여러 사항도 설명회를 통해 알게 되었습니다.

입학 설명회에는 앞으로 MBA에서 만날 수 있는 교수님들도,

그리고 이전 선배 기수들도 학교의 요청으로 참석해 함께 소통하는 경우가 많습니다. 그리고 이 MBA에 지원해 합격하게 된다면 같이 다니게 될 예비 지원자들의 면면을 미리 살펴보는 것도, 앞으로의 2년을 그려보는 데 도움이 되었습니다. 시간이 허락하는 한 최대한 많은 입학 설명회를 두루 가보는 것을 권장합니다. 다만 모든 MBA의 지원 일정이 대부분 비슷한 만큼, 설명회가 있는 시기도 짧은 기간 내에 몰려 있고 때로는 겹칠 수도 있습니다. 미리 충분한 일정을 비워두세요.

이외에 지원 당시에는 크게 고려하지 못했지만 지금 돌이켜보면 통학 거리도 무시할 수 없는 요소였습니다. 비대면 원격 강의가 일반화되면서 부담이 제법 줄어든 것도 사실입니다. 그러나 가급적 학교에 가서 강의의 몰입도를 높이고, 교수님과 원우 들과도 직접 교류할 기회를 가지는 것이 좋더라고요.

현재는 오프라인과 온라인 강의를 병행해 개인이 자유롭게 선택할 수 있도록 학사 운영이 이루어지고 있는데요. 늦은 퇴근 후 강의 시작 전까지 학교에 도착할 시간이 되지 않아, 또는 늦은 밤 강의를 마치고 집에 도착할 시각을 생각하니 막막해서 지레 현장 강의를 포기하고 집으로 향했던 안타까운 기억을 떠올려보면, 조금이나마 학교와 집, 직장 간의 거리가 가까웠다면 어땠을까 하는 아쉬움이 들기도 합니다.

더 늦기 전에 MBA 가면 어때요?

코로나19로 아쉬움이 남은 MBA 과정

MBA 입학과 동시에 코로나19가 급격하게 확산되면서 MBA 과정에서도 예상치 못한 영향과 변화들이 많았습니다. 모두에게 전례 없는 일이기에, 많은 것이 갑작스럽고 당황스러웠습니다. 물론 예상치 못하게 좋았던 점도 있었으나 아무래도 아쉬운 기억들이 크게 남네요. 시간과 장소, 인원에 구속받지 않고 마음 편히 원우들과 교류하기 어려웠던 일들은 물론이거니와 교수님도 학생들도 서투를 수밖에 없던 비대면 화상 강의도 돌이켜보면 불편한 적이 많았어요. 무엇보다 하늘길이 차단되면서 고대했던 해외 방문 기회가 사라져버린 것이 저에게는 가장 큰 아쉬움입니다.

코로나19가 기회를 앗아가기도 했지만
새로운 기회도 될 수 있습니다.
MBA 역시 당신에게 새로운 기회가 되길 바랍니다.

회사나 직무에 따라 MBA에 대해 느끼는 점이 다를
수 있다는 관점에서 출발했습니다. 더 많은 회사와
직무를 다루지 못해 아쉽지만 말이죠.

그래서 MBA가
업무에 도움이 되나요?

경영기획 담당자의 MBA

주선하 원우

MBA에 입학한 이후 자기소개를 하면서 가장 많이 들었던 질문
중 하나는 '기획'팀이면 구체적으로 어떤 업무를 하느냐는 것이
었습니다. 저와 제가 소속된 팀의 R&R을 간결하게 설명하는 데
어려움을 느끼면서 보편적인 기획 업무란 무엇일까 생각하게 되
었죠. 인터넷에서 기획 업무에 재직 중인 사람들의 글을 찾아보
니 회사마다 기획 업무에 상당한 차이가 있었습니다.

하지만 업종과 회사의 특수성을 감안하더라도, 기획이라는 업
무에 요구되는 공통적인 역량이 어느 정도는 존재한다고 생각합

더 늦기 전에 MBA 가면 어때요?

니다. 예를 들어 회사의 나아가야 할 방향과 목표를 설정하기 위해서는 회사 내·외부의 경영 환경과 시장 환경을 분석할 수 있는 능력이 필요합니다. 여러 부서와 협업하는 능력, 자료를 분석하는 능력, 숫자를 보는 감각도 기획 업무를 수행하는 데 도움이 됩니다. 이러한 측면에서 보았을 때 MBA 수업은 기획자로서 필요한 역량을 키우는 데 상당한 도움이 됩니다.

만약 재무·회계 지식이 부족하다면 MBA 수업을 통해 관련 지식을 쌓으며 경쟁사를 비롯한 타사의 경영 실적을 분석하는 역량을 키울 수 있습니다. 또한 마케팅 수업을 통해 자신이 소속된 업계뿐만 아니라 국내외 다양한 업종의 시장 환경과 각 기업의 마케팅 전략을 배우며 자신이 소속된 회사에 적용할 아이디어를 찾을 수 있을 것입니다.

교수님의 수업뿐만 아니라 원우들과 지식을 나누는 것도 상당한 도움이 됩니다. 업계에서 대리·과장·차장급으로 실무를 맡고 있거나 팀장급 이상으로 재직 중인 원우들이 토론과 발표를 통해 공유한 지식은 수업 못지않게 깊은 인상을 남깁니다. 또한 공부와 업무를 하는 데 동기부여까지 되죠. '조직행동론', '사회적 자본과 네트워크' 등 조직 내 구성원이 맺는 네트워크에 대한 지식을 쌓는 수업도 타 부서와 협업하는 데 도움이 되었습니다.

기획 업무를 하며 차별화된 결과물을 만들어내기 위해서는 자신의 업무에만 매몰되기보다 경영 환경 전반을 아우르는 식견을 갖추는 것이 중요합니다. MBA 과정 동안 강의실 안팎으로 쌓은 학문과 사람에 대한 '지식'은 전에는 보이지 않았던 것들을 볼 수 있게 하고 이전에는 찾을 수 없던 답을 찾는 데 도움을 줄 것입니다. MBA 과정을 통해 얻은 지식의 구슬들을 잘 꿰어내어 기획자로서 뛰어난 성과라는 보배를 만들고, '기획' 전문가로서 한 단계 성장해보세요.

더 늦기 전에 MBA 가면 어때요?

마케팅 담당자의 MBA

배고은 원우

같이 근무하던 선배가 저에게 해준 말 중 마음의 짐처럼 항상 남은 말이 있습니다. "지식이 없는 경험은 맹목적이고 경험이 없는 지식은 공허하다."

뼛속까지 마케터로서 실무에서 구르고(?) 있는 제가 바로 맹목적인 상황이었습니다. 경험에 따르면 이렇게 일을 추진하는 것이 맞는데, 과연 이게 이론적으로 설명이 될까 하는 의문이 항상 따라다녔습니다. 저는 제가 쌓은 10년간의 경험치를 이론과 접목시키고 싶었고, 그래서 결국 MBA의 문을 두드렸습니다.

결론적으로 절반의 성공과 절반의 숙제(?)를 얻었습니다. 도제식으로 일을 배워 충분한 이해 없이 하던 일에 대한 근거를 교수님의 설명과 교재와 각종 아티클에서 찾을 수 있었습니다. 지금 제가 구사하는 마케팅 전략들이 어디에서 도출되어 어떤 흐름으로 발전했는지 알게 되는 것도 재미있었습니다. 특히 내수시장만 바라보던 저에게 교수님들이 내주신 과제들은 다소 빡빡하긴 했지만 국제 시장에서의 마케팅 트렌드와 발전 방향에 대해 학습할 수 있는 좋은 기회였습니다. 그리고 같은 마케터 원우들의 실제 업무 사례를 듣는 것 또한 저에게 매우 유익한 경험이었습니다.

다만 절반의 숙제는 앞으로도 꾸준히 공부해야 한다는 사실을 깨달은 것! 마케팅은 소비자와 기업 사이에서 유기적으로 살아 움직이는 학문이라고 생각해요. 결코 정형화되지도, 1+1이 2가 되지도 않기 때문입니다. 어떨 때는 1+1을 인풋(Input)으로 집어넣었는데, 아웃풋(Output)으로 0이 나오기도 하고 100이 나오기도 하는 요상한(!) 학문입니다. 마케터는 100을 뽑아내기 위해 오늘도 열심히 1+1을 집어넣고 있고, MBA에서는 1+1을 '왜(Why)' 집어넣는지에 대해 배운다고 생각하면 되겠습니다.

마케터로서 MBA에 들어와 뜻하지 않은 소득을 얻은 것은 따로 있습니다. MBA는 경영에 대한 전반적인 것을 다루는 학문이므로 마케팅에 특화되었다고 할 수 없는데, 이 부분이 오히려 도움이 되었습니다. 그동안은 마케터의 입장으로만 바라봐서 이해가 안 되던 회사의 전략 방향이나 재무관리, 지원팀과의 예산 싸움 등을 조금 더 객관화된 시각에서 볼 수 있었거든요. 그들을 설득하기 위해 어떠한 방향으로 논리를 풀어가야 하는지에 대한 팁도 얻을 수 있었습니다. 물론 그 과정에서 MBA에 동기로 입학한 수많은 재무관리자의 도움을 얻었습니다. 이것 또한 MBA의 이점이라고 하겠습니다.

물류 담당자의 MBA

김성식 원우

정유회사에 물류 담당 파트로 입사해서, 약 15년을 이쪽 분야에서 일하다 보니 어느덧 사내외에서 물류 전문가라는 소리를 듣고 있습니다. 입사할 때만 해도 물류라 하면 일반적 사람들에게는 화물연대나 아니면 트럭 운반 같은 터프한 이미지만 있었어요. 그런데 아마존의 물류 혁명부터 쿠팡의 로켓 배송까지, 세상모든 사람이 물류에 지대한 관심이 생긴 세상을 경험하고 있으니 세상이 참 빠르게 변화하고 있음을 느끼게 됩니다.

사실 물류라는 영역은 생각보다 다양하고 방대한 데이터를 다

룹니다. 사람·설비·안전 등 다양한 분야에 신경 쓸 일이 많고, 조금만 문제가 생겨도 비즈니스에 여파가 매우 큰 영역이기도 하고요. 코로나19 이후 수출물량을 선적할 선박을 구하지 못해 수출이 안 된다는 기사들이 언론에 자주 나왔는데, 기억하시나요? 저는 어떻게 보면 고루해 보이고, 어떻게 보면 최신 트렌드인 물류 영역에서 MBA를 통해 어떤 도움을 받았는지 이야기해보고자 합니다.

먼저 인사이트를 얻을 수 있었던 수업이 있었어요. '조직행동론'에서 조직을 이끌고 구성원들에게 동기부여를 하는 방법, '경영과학'에서 수많은 의사결정을 수리적으로 나타내고 성공확률을 더 높이는 방법(특히 공장과 물류센터의 위치나 효율성 측면과 직접 개선할 수 있는 부분을 수업에서 계산해볼 수 있습니다), '생산 및 운영관리'에서는 회사의 각종 인프라를 어떻게 운영하는 것이 효율적인지, '관리회계'에서는 고정비와 변동비 같은 개념을 알려줘서 물류 관련 일을 하는 분들께 바로 현업에 도움이 될 수 있는 과목들이라 생각합니다.

또 '협상론', '경영전략', '마케팅' 등의 기타 다양한 과목들도 실무에서 도움이 될 만한 인사이트를 얻을 수 있다고 생각합니다. 과거 업무적으로 다양한 상황에서 협상하는 일을 자주 경험했는데, 학교의 협상론 수업에서 실제 협상했던 경험 이상으로

단기간에 여러 협상 상황을 배우고 진땀이 나도록 연습해볼 수 있었습니다.

이런 수업 외에 더욱 중요한 포인트는 바로 다양한 분야의 사람들을 만나 다양한 사람들이 일하는 분야의 흐름과 변화를 이해할 수 있다는 점입니다. 물류라는 것은 어떻게 보면 실체가 있는지 없는지 구분하기 어려울 정도로 빠르게 변화하고 지속적인 흐름이 발생되는 분야입니다. 무엇보다 중요한 것은 변화에 대응하는 것이죠. 선제적으로 환경 변화를 이끌 수도 있고, 혹은 환경 변화에 대응해 시시각각 흐름을 바꿔줘야 할 수도 있습니다. 회사에서 열심히 일만 하다 보면 외부의 시각이나 사회의 변화에 상대적으로 둔해지고, 내부적인 시각에만 갇혀 있을 위험이 있다고 생각합니다.

본인이 담당하는 분야의 전문가 소리를 들을 정도로 깊게 파고드는 것도 중요하지만, 요즘에는 나 말고 내 주위가 어떻게 변화해가는지 빠르게 캐치하는 것이 더 중요할 수 있습니다. 세상이 어떻게 변화하고 있는지 경험하고 이해하는 데 MBA만큼 좋은 곳이 없더라고요.

해외영업 담당자의 MBA

민복기 원우

저는 해외영업 11년차 과장입니다. 2010년 신입사원으로 사회에 첫발을 내디딘 이래 지금까지 해외영업만 해왔습니다. 그런데 지인들에게 해외영업을 한다고 말하면 다들 '해외에 물건을 팔러 다니는구나.'라며 단순하게 생각하더라고요. 잘 모르는 분들이 언뜻 보면 그렇게 보일 수도 있으나, 해외영업 직무에는 눈에 보이지 않는 다양한 일들이 존재합니다. 그래서 이번 기회를 빌어 해외영업 직무에는 어떤 업무들이 있는지 소개하고, MBA 수업이 어떻게 실제 실무에 도움이 되었는지 이야기해볼게요.

회사별로 제품을 만들어 팔거나, 상품을 사다 판매하기도 하고, 서비스 용역을 제공하는 등 매출 방식은 다양하지만, 여기에서는 편의상 제품을 만들어 파는 '제조회사'라고 가정하고 이야기를 진행하겠습니다.

해외영업을 한마디로 정의한다면 '해외에 있는 고객에게 회사의 제품을 판매하기 위한 모든 것을 관리'하는 것입니다. 판매를 위한 시장 조사, 마케팅 전략부터 계약 후의 클레임 및 고객 관리까지 모든 것을 말이죠. 따라서 글로벌 고객과 원활한 의사소통을 하기 위해 외국어가 필수입니다. 또한 판매하려는 제품에 대한 정확한 정보를 고객에게 전달해야 하므로 이에 대한 공부도 필수입니다.

그런 다음 공략하고자 하는 국가의 시장조사가 이루어져야 합니다. 시장조사는 해당 국가 시장의 규모나 경쟁사, 고객, 정치, 경제 등 다양한 분야에 대해 포괄적으로 이루어집니다. 이렇게 조사한 데이터를 기반으로 단기(1년) 및 중기(4년) 사업계획을 수립합니다. 이 단계에서 목표달성을 위한 상세 방법 및 전략이 수반되어야 하기 때문에 마케팅적 관점과 기법(STP·4P·3C 등)이 많이 사용됩니다.

계획 및 목표 설정이 완료되면 이제 필드에 뛰어들어 직접 신규 고객 및 판매채널을 발굴하는 활동이 이루어집니다. 활동 결과에 따라 제안 및 협상 단계를 거치는데, 이때 고객에게 제안할 제안서(Product)와 견적서(Price)를 작성합니다. 특히 제안서를 작성하고 고객과 협의할 때는 최적의 의사결정 능력과 협상 능력이 필요하고, 견적서를 작성할 때는 원가·판매관리비 등 비용을 면밀히 검토한 후 매출총이익과 영업이익률을 따져보고 판매가격을 설정해야 합니다.

고객과의 협상이 성공적으로 이루어졌다면 국제표준계약서를 기반으로 계약조건을 검토하고, 계약서를 작성합니다. 모든 계약 절차를 완료하면 고객으로부터 주문서를 입수하게 되는데, 당초 고객과 약속한 리드 타임(Lead Time. 발주부터 제품이 납입되어 사용할 수 있을 때까지의 기간) 내에 생산해 출하하기 위해 공장 측과 생산조율 업무를 합니다. 생산이 완료되면 고객의 요청 및 선적 조건에 따라 수출 업무도 진행합니다. 특히 수출 업무는 국가 및 고객에 따라 안전기준, 제품표준, 수입국의 통관절차뿐만 아니라 요구되는 수출 서류, 진행 절차, 비용, 증빙서류 등 모든 것이 각각 상이하므로 각별한 주의가 필요합니다.

이런 과정을 거쳐 제품을 고객에게 인도하게 되는데, 제품 인도가 완료되었다고 해외영업 업무가 끝나는 것은 아닙니다. 최종적으로 대금결제까지 완료되어야 맡은 역할이 끝났다고 할 수 있겠죠. 대금결제의 경우에도 국가 및 고객의 신용도에 따라 대금결제 조건이 다르고, 예상치 못한 사고(자연재해·기업파산 등)가 발생할 여지가 있으므로 각별한 주의가 필요합니다.

이외에도 고객 요청에 따라 제품 세미나·교육·테스트 등으로 빈번하게 고객들과 협상을 진행해야 합니다. 혹여 제품 불량이 발생한다면 고객 자산에 추가 피해 및 손실을 입히지 않도록 신속하게 불량 내용을 접수·검토·분석해 해결책을 마련하고 고객과 협상에 들어 가야 합니다.

지금까지 해외영업 직무에 대해 큰 틀에서 설명해보았습니다. 이제부터는 해외영업 업무와 실제 연관성이 있고 실무에 도움이 될 만한 MBA 과목들을 위에서 언급한 해외영업 직무의 역할과 연결해 정리해보겠습니다.

+ **해외 시장 조사**: 목표로 하는 해외시장 동향 파악을 위해 조사 계획을 수립하고, 환경을 분석한 것을 토대로 해외시장 조사 보고서를 작성하는 능력 ➡ 마케팅관리, 글로벌경영전략, 글로벌경영환경과기업, 글로벌마케팅
+ **해외영업 제품 분석**: 해외시장에 판매할 제품의 영업 전략을 수립하기 위해 제품의 각종 특성 및 원가, 사업성을 분석해 합리적인 의사결정을 위한 제품 분석 보고서를 작성하는 능력 ➡ 경영통계학, 경영과학, 경영전략, 생산 및 운영관리, 불확실성과 최적의 의

사결정, 글로벌마케팅

+ **해외마케팅 전략 수립**: 제품의 해외 판매를 위해 목표시장진입 전략, 시장유지 전략, 경쟁 전략 및 각종 위기관리계획을 수립하는 능력 ➡ 생산 및 운영관리, 불확실성과 최적의 의사결정, 글로벌마케팅, 마케팅관리, 글로벌구매와 협력회사관리, 소비자행동론

+ **해외 잠재고객 발굴**: 목표시장의 해외고객을 확보하기 위해 다양한 정보를 활용해 잠재고객을 탐색하고, 해외 전시회 및 상담회 등 각종 홍보 행사에 참가하며, 온라인 또는 오프라인을 통해 잠재고객을 발굴하는 능력 ➡ 글로벌마케팅, 글로벌경영전략, 마케팅관리, 광고론

+ **해외거래 제안**: 거래가 이루어질 수 있도록 상품소개서를 작성하고, 잠재고객이 원하는 조건을 검토해 거래를 제안하는 능력 ➡ 조직행동론, 기업윤리와 사회적책임, 프로젝트매니지먼트, 협상론, 비즈니스 커뮤니케이션

+ **해외고객 협상**: 계약을 체결하기 전 단계로 고객과의 합의점을 도출하기 위해 계약 조건에 대한 협상전략을 수립하고, 고객에 대한 의전을 수행해 협상을 실행하는 능력 ➡ 프로젝트매니지먼트, 협상론, 비즈니스 커뮤니케이션, 게임이론적 사고, 비즈니스게임을 이용한 의사결정

+ **국제계약 체결**: 협상을 통해 합의된 내용을 공식적으로 확정하기

위해 계약조건을 검토하고, 계약서를 작성해 계약을 체결하고, 통지하는 능력 ➡ 프로젝트매니지먼트, 협상론, 비즈니스 커뮤니케이션, 게임이론적 사고

+ **해외영업 계약 이행 관리**: 계약 이행을 위해 대금결제를 관리하고, 계약 상품의 품질 및 사양을 관리하며, 상품의 선적 및 납기를 지속적으로 관리하는 능력 ➡ 경영전략, 관리회계, 재무관리, 프로젝트매니지먼트, 협상론, 비즈니스 커뮤니케이션, 게임이론적 사고

+ **해외 클레임 처리**: 고객이 제기한 클레임을 해결하기 위해 클레임의 내용을 검토, 분석하고 해결책을 준비해서 고객과 협상하는 능력 ➡ 생산 및 운영관리, 비즈니스 게임을 이용한 의사결정, 조직행동론, 프로젝트매니지먼트, 협상론, 비즈니스 커뮤니케이션, 게임이론적 사고

+ **해외고객 관리**: 고객과의 지속적인 영업관계를 유지하기 위해 해외고객의 요구를 분석하고, 평가하는 능력 ➡ 프로젝트매니지먼트, 협상론, 비즈니스 커뮤니케이션, 게임이론적 사고, 소비자행동론

회계 담당자의 MBA

전선함 원우

저는 근 8년간 세무 담당자로 근무하다가 MBA에 입학한 후 회계 담당자로 발령난 케이스입니다. 회계 담당으로의 경력이 2년 미만이기에 '회린이'에 가깝지만, 같은 경영지원 파트의 입장에서 봐주시면 좋겠습니다.

우선 결론부터 말하자면 지원 파트에서 근무하다가 회계나 세무에 대해 심화된 내용, 실무적인 처리에 대한 업무에 한정한다면 MBA에서 새롭게 배울 수 있는 건 거의 없다고 여겨집니다. 회계 관련 학원 강의를 수강하는 편이 훨씬 도움이 될 거예요.

MBA에서 배울 수 있는 업무적 역량은 실무를 벗어난 그 외의 영역에 대한 관심과 인사이트라고 생각해요. 제가 이 부분에 대한 오해를 가지고 MBA 과정을 시작했기 때문에 실망한 기억이 있어서, 이런 바탕을 깔고 이야기를 시작하는 편이 더 좋을 것이라 생각했습니다.

저는 경제학과 출신으로 회계원리의 '회' 자도 모르는 상태로 얼떨결에 세무팀으로 발령받아 지금까지 다니고 있습니다. 메멘토 수준의 기억력이지만 부서 발령 첫 날 "회계는 다 배웠지?" "차대만 알면 됐지! 분개는 할 줄 알지?"라는 두 가지 질문에 고개를 절레절레 흔들며 팀장님께 2연타를 날리며 기대치를 바닥으로 떨어뜨린 기억은 여전히 생생하네요.

저처럼 아무것도 모르고 오는 신입을 줄이려는 목적일까요? 숫자를 다루는 파트, 특히 회계팀의 경우 경영학과 출신 혹은 회계사 시험을 준비한 경험이 있는 사람이 많습니다. 아무래도 실무를 하기 위한 기본적인 내용을 숙지하고 있고, 같은 업무를 배워도 이해도가 높기 때문이죠. 실제로 회계사 시험 공부를 경험해본 사원들이 일정 업무 수준까지 도달하는 속도가 빠른 것을 보면 이런 선호가 틀린 것만은 아닌 듯합니다.

관련 내용을 전혀 모르면 업무 자체가 불가능하기 때문에 퇴근 후 인터넷 등에서 회계 관련 강의를 수강하면서 업무에 필요한 최소한의 역량은 쌓아왔으나, 대학교에서 배우는 회계 수업에 대한 궁금증이 남아 있었습니다. 주변에 일하고 있는 경영학과를 나온 사원들은 학교에서 어떤 회계 수업을 들었을지 궁금했던 거죠.

그렇게 MBA에 입학한 첫 학기에 재무회계 수업을 듣게 되었습니다. 재무회계라고 해봐야 회계원리에 해당하는 내용이었기에 다른 원우들이 차변과 대변을 헷갈리며 고생하는 동안 별다른 어려움 없이 수업을 들었습니다. 사실 당연하겠지만, 대학원에서 배우는 회계라고 해서 특별한 무언가가 있는 것은 아니었어요. 그걸 깨달았던 시점에는 MBA 과정에 대해 조금은 회의적이었습니다. 업무 역량을 키우기 위해 왔는데 기대했던 회계 과목은 학원에서 배우는 것과 별반 차이도 없고, 그 외에는 마케팅이나 통계, IT 등 업무와 아무런 관계가 없는 수업뿐이어서 업무 역량과는 점점 멀어진다는 생각이 지배적이었기 때문이죠.

하지만 의외로 MBA의 필요성은 나와 상관없다고 생각했던 다른 과목들을 통해 찾을 수 있었습니다. 사실 생각해보면 하던 일이 아닌 새로운 분야에서 무언가 배우려고 하는 것이 자연스러운 것 같아요. 하지만 언젠가부터 회사 일에 몰두하다 보니 제가 하는 일에만 집중하고 다른 분야는 등한시했죠. 새로운 분야를 배워야 할 대상이라기보다 나와는 관계가 없는 대상으로 배제했어요. 업무 역량이라는 것을 내가 현재 하고 있는 실무에만 한정해서 생각했다고나 할까요? 그때는 아마 실무에 활용할 수 있는 엑셀 함수를 하나 더 배웠다면 만족했을지도 모르겠네요.

지원 파트의 경우 항상 숫자에 몰입하다 보니 특히나 다른 파트에 비해 그 외의 내용에 대해서는 무관심해지기 쉬운 것이 사실입니다. 그도 그럴 것이 회사에 '새로운 거래가 생겼다', '새로운 방식의 마케팅을 시도한다'와 같은 뉴스는 내용 자체에 대한 호기심보다는 계정을 뭘 써야 할지, 분개는 어떻게 그려야 할지, 관련해서 고려할 재무 혹은 세무 관련 리스크는 무엇인지 등이 검토 대상으로 다가오기 때문이죠. 그런데 MBA 원우들을 보니 오히려 다른 파트에서는 지원 파트의 재무 등 분야에 관심이 많았어요. 이유를 물어보니 예산을 받기 위해 설득할 때 밀리지 않으려면 공부할 필요가 있다고 하더라구요. 이처럼 회사를 막론하고 다른 파트에 상대적으로 무관심해지기 쉬운 파트가 경영 지원 파트라는 거죠.

제가 일하는 모습을 생각해봐도 결재하는 회계 전표들의 실질에 대해 기안 등을 통해 가능한 살펴보려고 하지만 개인적 관심을 충족할 정도의 시간이 주어지지 않기 때문에 결국 최소한의 필요 내용만 파악해서 결재하는 일이 대부분입니다. 예를 들어 요즘 이슈가 되고 있는 '메타버스'와 관련해 새로운 마케팅을

더 늦기 전에 MBA 가면 어때요?

시도한다는 품의와 함께 비용 처리를 위한 전표를 결재하는 상황을 생각해볼게요. 메타버스에 대한 상세 내용에 관심을 가지기란 쉽지 않습니다. 당장 필요한 건 세금계산서상에 공급자와 공급받는 자는 계약서 내용과 일치하는지, 금액은 계약서에 부가세가 포함인지 아닌지, 세금계산서 날짜와 금액은 맞는지, 지급은 뭐로 하는지, 회계 계정은 제대로 입력했는지 등에 대한 확인이 더 급하니까요. 메타버스에 대한 건 글쎄요. 업무적으로만 생각하면 결재할 때 팀장님께서 '메타버스'가 뭐냐고 물어보시면 '가상세계에서 마케팅한다'라고 대답할 정도의 단편적인 지식이면 충분할 것 같아요.

하지만 그런 단편적인 지식만 가진 채 당장의 일에 치여 숫자에만 파묻혀 지내는 건 장기적인 관점에서 봤을 때 당연히 부정적인 영향을 끼치겠죠. 심지어 지금 하고 있는 일이 회계 업무라고 해서 평생 회계만 할 것이라는 보장도 없을뿐더러 회계 팀에서 승승장구해서 CFO가 된다고 해도 회계만으로 모든 걸 커버할 수 없을 거예요. 높은 자리로 올라갈수록 여러 분야를 아우를 수 있는 통찰력이 필요하니까요.

심지어 모두가 자신의 업무 외 영역에도 관심을 가져야 한다는 사실을 알고 있죠. 하지만 본인의 업무가 아닌 다른 업무에 관심을 갖는 것은 자발적인 의지로는 쉽지 않아요. 당장 집에 가서

쓰러져 자기 바쁜데 언제 마케팅을 공부하겠어요. 그런 관심을 강제로 일깨워줄 수 있는 곳이 MBA라고 생각합니다.

저도 그나마 MBA에 와서 필수과목이라는 이유로 마케팅 수업을 들었습니다. 새벽까지 팀 과제를 준비하면서, 마케팅 수업시간에 발표하는 마케팅 직무에 종사하는 원우들의 발표를 들으면서 마케팅이 이렇게 포괄적이고 어려운 일임을 새삼 생각해볼 수 있었어요. 그리고 그 발표의 발표자가 친하게 지내는 형, 누나, 친구, 그리고 동생이기 때문에 더 관심을 갖게 된다는 것도 MBA의 장점이겠죠. 꼭 그 영향이라고 볼 수는 없겠지만, 요즘은 마케팅이나 기타 품의들도 예전보다 좀 더 관심을 가지고 회사에서 어떤 활동을 하는지 이해해보려 노력 중입니다.

대학교 시절의 추억이 다르듯, MBA도 본인만의 MBA를 경험합니다. 여기 11명의 MBA를 통해 본 인만의 MBA를 더욱 멋지게 그려나가시길.

CHAPTER 4

직장인을 위한
슬기로운 MBA 생활

새로운 사람들과 친해지는 핵인싸의 꿀팁

김준이 원우

30~40대 직장인이 새로운 사람들과 빠르고 쉽게 친해진다는 것은 여간 어려운 일이 아닙니다. 살아온 환경, 깊어진 생각, 바쁜 일상 등으로 새로운 친분을 만드는 것은 당연히 어려운 일이죠. 하지만 이런 상황에서도 MBA에서의 새로운 네트워크를 만들고자 하는 뜻이 있는 사람이라면, 가능한 많은 사람과 빨리 친해지는 방법이 궁금할 거예요.

MBA에 온 원우들과 빨리, 그리고 쉽게 친해지는 방법은 어쩌면 아주 쉬울 수도, 아니면 다소 까다로울 수도 있습니다. 그럼에도 MBA에는 대체적으로 새로운 사람들과 친밀한 관계를 형성하고자 하는 분들이 많기 때문에 자기 생각과 행동 몇 가지만 잘 다듬어본다면, 2년간 좋은 사람들과 더욱 알찬 시간을 꾸려갈 수 있으리라 생각합니다. MBA에서 어떻게 하면 좋을지 저의 경험을 토대로 꿀팁들을 공유합니다.

진짜 친구를 만들고자 하는 마음을 가져보자

직장 생활을 하면서 회사에 진짜 친구가 있는 사람이 얼마나 될까요? 이런저런 이유로 회사에서는 친구보다는 회사의 동료라는 개념으로 어느 정도 선을 긋고 관계를 유지해가는 분들이 많을 거예요. 하지만 MBA에서는 스스로의 직급이나 직책과 관계없이 다양한 사람들을 만날 기회가 정말 많습니다.

물론 이러한 다양한 사람 중에 내게 필요한 사람들 위주로만 (주로 업무적인 이유로) 찾으려 한다면 졸업 후 긴 시간을 함께할 친구를 구하기는 어려울 수도 있겠네요. 필요를 따지지 말고 진짜 친구를 사귄다는 생각으로 접근한다면, 오히려 주위에 더 많은 사람이 모이게 될 겁니다. 예를 들어 같은 또래의 아이들을 가진 원우, 취미가 비슷한 원우, 사는 동네가 가까워 퇴근 후 편하게 소주 한잔을 기울일 수 있는 원우, 회사 위치가 가까워 점심때 불러낼 수 있는 원우 등이 있겠네요. 일상생활을 편하게 같이 즐길 수 있는 원우를 먼저 찾아보고 그들과 친구가 된다면 이 친구들이 더 넓은 네트워크를 위한 시작이 될 것입니다.

나의 화려한 경력들은 잠시 내려놓자

워낙 출중한 배경과 경력을 가지고 MBA에 온 분들이 많기에 그중 본인의 화려함을 틈만 나면 어필하고자 하는 분들도 종종 있습니다. 예를 들어 "난 어디 회사의 CEO나 CFO니 언제 기회되면 너를 데려갈 거야."라는 말을 하며 은근히 본인에게 잘하라는 표현을 돌려 하는 사람, "업계가 좁아서 레퍼런스 체크를 내가 할 수 있다."라며 은근한 협박을 하는 사람, 자신의 이런저런 인맥을 계속 어필해서 "나는 너에게 좋든 나쁘든 영향력을 끼칠 수 있는 사람이다."라고 어필하는 사람, 이뿐만 아니라 본인 회사에서의 높은 직급을 언급하며 본인 회사에서 못다 이룬 꼰대 짓을 하는 설익은 분들도 있죠.

이런 사람들에게 진정한 친구가 몇 명이나 있겠으며, 또한 진실된 인연이 생길 수나 있을까요? 이들에게 단지 목적을 위해서 만나거나 기본적인 예의를 차리는 사람들이야 있겠지만, 깊이 있고 발전적인 관계의 네트워크를 가지기에는 참으로 힘든 유형의 사람들이라고 생각합니다. (글을 쓰려 과거의 기억을 되살리다 보니 잠시 울컥하네요.)

각자의 화려함을 직접 어필하지 않아도 수업이나 각종 모임을 통해 시간이 지나면서 서로 자연스레 알게 됩니다. 자연스럽게 드러나는 것이 아닌 본인 입으로 계속 어필해 알아달라고 하는 것은 기피 대상으로 낙인찍히게 되는 행동밖에 되지 않습니다. 특히 MZ세대에게는 철저하게 기피 대상 1호가 된다는 점, 그리고 그들과의 소통의 단절을 만드는 1호 행동이라는 점을 명심하세요. 실수로라도 이런 이야기들을 하지 않도록 신경 쓴다면 오히려 절제된 화려함이 더욱 멋지게 피어날 것입니다.

내가 먼저 적극적으로 다가가자

직장 생활을 통해 다양한 경험을 하다 보면 사람을 만나는 일에 본의 아니게 스스로가 지나치게 성숙해져 소심한 행동으로 이어지는 경우가 있습니다. 하지만 MBA에서의 2년은 서로의 눈치를 살피고 알아가는 시간에 큰 에너지를 소비하기에는 너무 짧은 시간이에요. 빨리 사람들과 친해지고, 서로에 대해 배우고, 멋진 추억을 만들기 위한 시간에 더 노력을 쏟는 것은 어떨까요? 그러기 위해서는 스스로가 먼저 좀 더 적극적으로 사람들에게 다가가려 노력하는 것이 중요합니다.

지금 이 글을 같이 쓰고 있는 2반 5조의 첫 만남을 떠올려보면, 온라인 미팅에서 누구도 말을 먼저 시작하지 않아 긴 시간 적막감과 어색함으로 진땀을 뺐던 기억이 납니다. 이런 어색한 상황을 빨리 극복하기 위해 짧은 자기소개 후 가장 먼저 서로의 얼굴을 보며 만나는 저녁 식사 자리를 잡았고, 그날부터 무조건 나이대로 형, 누나, 동생으로 부르기로 함께 약속했습니다. 누군가에게는 '말'을 빨리 놓는다는 것이 불편하게 느껴질 수도 있었지만, 우리는 오히려 이런 규칙을 함께 만듦으로써 다른 누구보다 빨리 친해질 수 있었습니다.

결국 마음을 열고 서로에게 적극적으로 다가가려는 노력이 모여 좋은 결과를 만들게 되었다고 생각합니다. 어색하고 쑥스러운 마음을 빨리 내려놓고 가장 먼저 적극적으로 다가가 보세요. 그게 바로 MBA 핵인싸로의 첫걸음입니다.

배려와 희생은 기본이다

MBA를 하다 보면 혼자 할 수 있는 과제나 학습 말고도 원우들과 함께해야 하는 팀 과제나 발표가 많습니다. 이런 협업 과정에서 서로에 대해 정말 다양한 부분을 알게 되는데요. 스스로 학습과 발전을 위해 누구보다 적극적으로 참여하고자 하는 원우가 있는 반면, 매번 이런저런 핑계로 소극적인 자세로 무임승차를 하려는 원우들 또한 있습니다. 하지만 MBA가 다들 현업에서 전문가라는 소리를 한 번씩은 들어본 사람들이 모여서 학습하는 곳인만큼, 무임승차자 없이 팀 전체가 머리를 맞대고 함께할 때 더 좋은 결과물을 만들어진다는 것은 기정사실입니다.

팀워크 과정에서 매번 "회사 일이 바쁘다." "잘 모르는 분야다." "다른 분이 더 잘할 것 같다." 등의 수많은 핑계로 소극적인 자세로 일관하는 사람 주변에는 결국 사람들이 모이지 않게 될 것입니다. 2년의 MBA 수업에는 스스로 팀을 구성하거나 찾아야 하는 과정이 많은데, 이러한 유형의 사람이라면 누구도 팀원으로 함께하려 하지 않겠죠? 같은 팀에 함께하려고 계속 연락을 받는 사람과 팀을 찾기 위해 많은 시간을 허비하는 사람 중 누가 더 재미있는 MBA의 생활을 할 수 있을까요?

MBA 과정을 선택해서 온 사람들은 다들 배우기 위해 온 사람들이라는 점을 기억하고, 배우려는 자세를 통해 남들보다 좀 더 배려하고 희생을 한다는 마음가짐으로 생활한다면 더 좋은 사람들과 더 알찬 학교 생활을 할 수 있을 것입니다.

이러한 배려나 희생은 비단 MBA에서의 인간관계에만 적용될 문제는 아닙니다. 혹시 스스로가 이 부분이 부족하다고 생각한다면, MBA 과정을 통해서라도 꼭 한 번 자신을 바꿔보기를 바랍니다.

자주 만나려고 노력하자

영업하는 사람들끼리는 "입이 열려야 마음이 열린다."라는 말을 종종 합니다. 이 말은 한국 사람들은 밥이나 술자리를 한번 같이 해야 빨리 친해질 수 있다는 뜻이죠. MBA에서도 마찬가지입니다. 모든 원우가 주경야독을 하기에 추가로 시간을 내는 것이 참 어렵습니다. 이때 본인이 먼저 시간을 내어 친해지고자 하는 원우의 회사를 찾아가 식사나 커피를 같이하거나, 취미가 비슷한 원우들과 취미활동을 함께해본다면 훨씬 더 빨리 친한 원우를 만들 수 있을 것입니다. 그리고 내가 먼저 상대방에게 더 많은 관심을 가지고 생일, 승진뿐만 아니라 특별한 날에 소소한 이벤트를 먼저 해본다면, 분명 더 많은 이들이 당신에게 모여들 것입니다.

　MBA에서의 2년이라는 시간만을 생각하지 말고, MBA 과정 종료 후 인생의 새로운 2막을 함께할 사람들을 찾는 귀한 시간이라고 생각해보세요. 새로운 사람과의 만남을 두려워 말고, 적극적으로 나의 마음을 열어, 모두가 MBA에서 핵인싸가 되길 바랍니다.

동호회, MBA의 또 다른 활력소

배고은 원우

MBA에 입학해서 꼭 동호회 활동을 해야 하냐고 묻는다면? 저는 절대적으로 그러라고 말하고 싶습니다. Absolutely, Yes!

대학교 신입생 시절을 돌이켜보세요. 대학교에 처음 입학했을 때, 과 동아리 외에도 중앙 동아리에 들어가면 다른 학과 학생들을 많이 만날 수 있었잖아요? MBA에도 금융 MBA, 글로벌 MBA 등 여러 MBA 과정의 원우들을 만날 수 있는 곳이 바로 동호회입니다. 학업 외에 인맥도 넓히고, 다양한 사람들과 소통하고 싶다면 동호회에 꼭 가입하라고 말해주고 싶어요. 특히 동호회는 각자의 취미생활과 관심사를 기반으로 운영되기 때문에 나와 비슷한 사람들을 만날 수 있습니다. 그들과 함께 학부 시절처럼 1박 2일 MT도 가고, 공부 외에 다양한 체험도 주저 없이 할 수 있는 것이 장점입니다.

저는 '포세이돈'이라는 레포츠 동호회와 테니스 동호회 두 군데에 속해 있는데, 이 중 레포츠 동호회에서는 운영진을 맡고 있습니다. 운영진으로서 여러 행사를 기획하고 운영하면서 쌓여가는 추억들은 그 무엇과도 바꿀 수 없거니와, MBA의 부족한 2%를 채워주는 정말 좋은 기회라고 말씀드리고 싶어요. 저에게 평생의 도전 과제이자 미지의 영역이었던 승마와 스쿠버다이빙을 레포츠 동호회에서 접한 것만으로도 MBA 학비의 절반은 건진 기분이니까요. 이번을 계기로 평생 즐길 수 있는 인생 취미를 만들고 싶다는 작은 소망도 품고 있습니다.

제 동기 역시 평생 해보고 싶었지만 엄두가 안 나 시도조차 하지 못했던 골프를 MBA 동호회 사람들과 시작했어요. 사실 주변 친구들이 골프를 하지 않으면 주로 회사 동료들과 골프장에 가게 되는데, 그게 부담스러웠다고 해요. 그런 리스크(?) 없이 마음 편하게 기초부터 배울 수 있고, 열정 하나로 끌어주는 동기들이 있으니 무엇이 두려울까요.

남성 원우들은 주로 동호회의 기본이라 할 수 있는 축구, 농

▲ MBA에서의 다양한 동호회 활동

구, 야구 동호회에 적을 두는 경우가 많습니다. 일정 인원 이상
이 모여야 할 수 있는 경기이므로 같이할 사람들이 모여 있는 것
만으로도 마음이 풍족하다고 해요. 실력도 천차만별, 경험도 제
각각이지만 MBA 동호회에서 만났다는 것 하나만으로 소속감과
유대감이 어느 팀보다 끈끈하다고 합니다. 원래 몸으로 하는 대
화가 훨씬 뜨거운 법! 게다가 다른 학교와의 경기라도 있는 날이
라면? 어떨지는 여러분의 상상에 맡깁니다.

몸을 쓰는 동호회 말고도 동호회의 분야는 무궁무진합니다.
책을 좋아하세요? 아니면 책을 좋아하지 않지만 책 읽기 습관을
기르고 싶으세요? 독서 동호회가 있습니다. 명사들의 강연을 듣
고 토론하는 모임을 원하세요? 매달 만나기 어려운 각계각층의
유명인들을 만날 수 있는 동호회도 있습니다. 투자를 배우고 싶

더 늦기 전에 MBA 가면 어때요?

으신가요? 단체 메신저를 통해 매일 다양한 정보를 공유하며 모의투자 대회 등을 통해 초보자들에게 투자하는 법을 알려주는 투자 동호회도 준비되어 있습니다.

제 경우 특히나 재미있었던 동호회는 '소비Lab'이었는데, 누구보다 '잘' 소비하는 것을 목표로 마일리지 쌓는 법이나 할인받는 법, 카드 활용법 등 다양한 꿀팁을 얻을 수 있었어요. 더 멋진 점은 앞에서 말한 대부분 동호회가 1~2년 새에 새로 생긴 동호회라는 점입니다. 원하는 동호회가 없나요? 그럼 동호회를 만드세요! 관심 있는 원우들이 함께할 거예요.

지식을 쌓는 일이 라면을 끓이는 일이라면, 동호회는 끓인 라면에 달걀을 넣는 일인 것 같습니다. 안 넣어도 맛있지만 넣으면 더 금상첨화인 그것. 자신이 좋아하는 분야이고, 자신이 꾸준히 참여할 수 있는 동호회라면 어디든 좋습니다. 일단 들어가기만 하면 동호회는 졸업 후에도 부담 없이 참석해서 MBA 후배들을 계속 만날 수 있는 끈이 되어주는 곳이기도 합니다.

바쁠 것 같아서, 부담스러워서, 동호회 가입을 망설이고 있다면 일단 질러보세요. 동호회도 가입 기간이 따로 있으므로 그때를 놓치면 한 학기를 더 기다려야 가입할 수 있습니다. 이왕 MBA에 왔다면, 추억 한줄기 더 쌓아가는 것이 좋지 않을까요?

동갑 모임의 편안함, 반갑다 친구야!

전선함 원우

취미로 뭉친 동호회가 아닌 나이로 뭉친 동갑내기들의 모임도 있어요. 저는 동갑 모임을 이야기해보고자 합니다.

어릴 적 중·고등학교 시절에는 당연히 동갑내기 친구들끼리 반을 구성했기 때문에 나이가 같다는 사실에서 오는 편안함을 느낄 기회가 없었던 것 같아요. 처음 만난 친구와도 존댓말을 쓰는 일은 전혀 없었죠. 그냥 당연한 거였어요. 동갑이니까요.

저는 재수를 해서 대학교를 1년 늦게 입학했어요. 요즘은 어떤지 모르겠지만 당시에는 재수생은 학번이 같으니 형이라고 부르지 않는다는 동기도 꽤 많았던 기억이 있습니다. 그 와중에 철저하게 학번을 우선하는 동아리에서 활동했기 때문일까요? 저는 대학 시절부터 유독 선배보다는 편하게 말을 놓고 지낼 수 있는 동갑내기 친구에 대한 선호가 강했습니다. 정확히는 같은 학번에 같은 나이인 친구들이었죠.

이러한 연유로 자연스레 MBA에 입학하고 나서도 동갑인 친구들을 열심히 찾았습니다. 다행히(?) 같은 조에 동갑인 친구가 한 명 있었지만, 다른 조나 반에도 다른 동갑 친구들이 없을까 수소문하고는 했습니다. 사실 생각해보면 적극적으로 메신저나 SNS 등으로 알아봤다면 더 빨리 모임이 만들어졌을 거예요. 다만 제가 속한 조의 조원들이 너무 좋아서 굳이 새로운 모임을 만들 정도의 열정이 없었죠.

그렇게 1학년을 보내던 와중에 동호회 활동을 통해 다른 학교 MBA의 시스템에 대해 들을 기회가 있었습니다. 제가 이해한 바에 따르면 전체 재학생을 대상으로 동갑 모임이 공식적으로 운영되고 있고, 입학과 동시에 본인의 나이에 맞는 그룹에 자동으로 초대된다고 해요. 사실 나이 정보는 학교 혹은 원우회에서 기본적으로 가지고 있는 정보이므로, 의지만 있다면 실행하기 어려운 제도는 아닌 것 같아요. 졸업 후에도 졸업생들 간 동갑 모임이 운영되고 있어서 해당 모임으로 자동으로 초대된다는 이야기를 들으며, 이러한 시스템이 갖춰져 있는 학교의 MBA가 부럽게 느껴졌습니다. MBA를 졸업하고 온전히 회사 생활로 돌아가면 나이를 물어보는 것 자체가 조심스럽기도 하고, 편하게 지낼 친구를 새로 만나기가 쉽지 않으니까요. 일종의 애프터서비스 같은 느낌도 들었고 여러모로 부러웠어요.

시간이 흘러 어느덧 2학년이 되었고, 기존에 활동하던 동호회 모임에도 새로운 신입생들이 들어오기 시작했어요. 그즈음에 제가 속한 반의 동갑 5명으로 이루어진 소규모 그룹이 있었는데, 그중 1명이 동호회 활동을 하면서 신입생 동갑 친구와 교류하게 되었어요. 자연스럽게 저희 모임과 신입생 기수의 동갑 모임을 합치자는 제안이 나왔습니다. 그렇게 1학년과 2학년을 아우르는 동갑 모임이 탄생했습니다. 합치고 보니 대략 20명에 달하는 친구들이 모인, 꽤 대규모 모임이 되었어요.

만들어지고 반년이 조금 넘은 시점에서 저희 나름대로는 모임이 굉장히 활성화되어 잘 운영되고 있다고 자화자찬하는 중이에요. 어떻게 그럴 수 있었는지에 대해 저희가 내린 잠정적인 결론은 "동갑이니 처음부터 무조건 말을 놓자."라는 규칙을 정해놓은 것이 주효했다는 것입니다. 단체 메신저 방에 초대됨과 동시에 존댓말을 할 때마다 페널티를 부여하는 방식으로 분위기를 만들어갔어요. 페널티는 존댓말 한 단어를 사용할 때마다 만났을 때

◀ 새롭게 만들어진 동갑 모임

마셔야 할 술을 한 잔씩 적립하는 무시무시한 벌칙이었습니다. 그 덕(?)인지 얼굴 한 번 보지 못해도 반강제적으로 자연스레 말을 놓으면서 편하게 지낼 수 있었습니다.

개인적인 바람이라면 지금의 모임을 토대로 앞으로 입학하는 후배 기수의 동갑 친구도 점점 흡수해 예전에 부러워하던 MBA의 시스템처럼 점차 커지는 모임으로 발전하는 거예요.

이처럼 MBA에서는 어떤 사소한 계기라도 일단 모임이 만들어지면 자연스레 조금씩 규모가 커지게 되는 것 같습니다. 아무래도 MBA라는 과정 자체가 새로운 사람을 만나려는 네트워킹의 목적도 있으니까요. 모임을 결성하는 것 자체가 굉장히 쉽다는 느낌을 받았어요. MBA에 입학했다면 동갑 모임을 찾아서 가입해보길 강력 추천합니다. 찾아봤는데 모임이 없다면 한 번 만들어보세요. 저처럼 모임이 생기기만 기다리던 친구들이 하나둘 찾아올 거예요.

말은 조심히, 칭찬은 아낌없이!

민복기 원우

삶의 대부분은 말로 이루어진다고 해도 과언이 아닐 정도로 말이 생활에서 차지하는 비중은 절대적입니다. "말 한마디로 천 냥 빚을 갚는다."라는 말처럼 말의 힘은 큽니다. 상대에게 감동과 기쁨, 희망과 용기를 주는 말이 있는가 하면, 반대로 상대의 가슴에 못을 박고 상처를 주고 분위기를 깨트리고 진을 빼는 말 같지 않은 말도 있습니다.

MBA에 입학하게 되면 각자 다른 직업과 성격, 성향 등을 가진 새로운 사람들을 만나게 되고 그들과 함께 2년이라는 시간을 함께하게 됩니다. MBA에는 학업 외에도 다양한 취미활동을 할 수 있는 동호회가 존재하고, 결국 어느 정도 시간이 지나면 유사한 취미와 성향을 지닌 사람들끼리 무리를 짓는 모습을 보게 됩니다. 그러다 보니 나와(또는 우리와) 다른 사람들을 자신만의 관점으로만 보고 상대의 생각과 의견은 존중하지도 배려하지도 않는 경우도 생기죠. 상대방에게 깊은 상처를 주는 말을 하기도 하고 때로는 격이 떨어지는 말을 하거나 상대에게 좌절감과 실망감을 안겨주는 말을 하기도 합니다. 이런 이유로 멀쩡했던 원우 관계가 갑자기 멀어지기도 하고, 단절되는 경우도 봤어요.

칭찬은 고래도 춤추게 하고 미련한 곰도 재주를 부리게 합니다. 기왕에 하는 말인데 상대가 싫어하는 말을 하기보다 상대가 즐거워할 수 있는 말을 하면 얼마나 좋을까요. MBA 과정을 통해 얻은 이런 교훈을 꼭 다른 분들께도 공유하고 싶다고 생각했습니다. 말 한마디를 하더라도 정말 신중하게 하고 더불어 칭찬을 아끼지 않는다면 더욱 유익하고 알찬 MBA 생활을 영위할 수 있을 것입니다.

또 중요한 것은 스스로가 MBA 생활 동안 어느 특정의 상대 원우를 이간질하거나 비방하지 않는 것입니다. 오늘날 정치를 보아도 마찬가지예요. 여당은 야당을 보고 잘못한다고 하고 야당은 여당을 보고 잘못한다고 비방합니다. 다 같이 힘을 모아 나라를 이끌어가도 힘들 판에 말이죠. MBA 생활도 같은 맥락에서 생각해보면 2년이라는 기간 동안 모든 원우가 한마음 한뜻으로 힘을 모아 성공적인 MBA 생활을 만들어가야 할 터인데, 실상은 그렇지 못합니다. 끊임없이 상대를 비방하는 집단과 개인을 종종 보게 되죠.

옛말에 남을 비방하는 사람들은 열 가지 허물을 얻는다고 하죠. 평소 자신의 말과 행동을 돌아보고 또 돌아봐야 합니다. 그리고 혹시라도 비방을 받는 입장이 되더라도 상대방이 나빠서 나를 비방한다고 생각하기에 앞서 '내가 무엇인가 잘못되어 있어 이런 비방의 말을 듣고 있구나.' 하고 생각할 줄 알아야 합니다.

무엇보다 중요한 것은 다른 원우들을 비방하는 말이 아닌 생명을 살리는 칭찬의 말을 원우들에게 아낌없이 하는 것입니다. 오늘 내가 어떤 사람을 만나고 어떤 말을 하느냐에 따라 인생이 달라진다고 해요. 다시 한번 말씀드리지만 뒤에서 남을 험담하는 사람, 말을 여기저기 옮기는 사람, 은근히 이간질하는 사람은 MBA 생활을 하는 동안 절대 가까이하지 말기를 권합니다.

"세 치 혀로 흥한 자! 세 치 혀로 망한다!" 남을 헐뜯는다고 내가 높아지는 게 아니라는 사실을 명심하고 앞에서 할 수 없는 말은 뒤에서도 하지 않기를 바랍니다.

전문 가이드가 알려주는 원우 여행 팁

배고은 원우

MBA에서 가장 잘한 일이 바로 조원들과 함께 전국 각지에서 함께 밤을 보낸 일이에요. 학교와 직장, 일상에서 벗어나 낯선 곳에서 보는 동기들의 모습, 그리고 우리만의 추억. 대학교 동기들을 만나면 마치 스무 살로 돌아간 마냥 그때의 추억을 몇 년이 지나도 이야기하죠? 아마 80세 할아버지, 할머니가 되어서도 이야기하지 않을까요? 졸업 후에도 당연히 만나겠지만 학교를 함께 다니는 지금 함께하는 추억을 쌓아두는 것이 우리의 만남에 두고두고 이야기할 수 있는 중요한 양분이 될 것이라고 믿습니다. 그래서 추천합니다. 열렬히. 여행을.

개인적으로 여행을 좋아해서 여기저기 많이 다녀본 편입니다. 그러다 보니 다른 여러 모임에서도 함께 떠날 수 있도록 여행을 기획하고 실행하는 역할을 많이 맡았어요. MBA에서도 비슷한 직무(?)를 수행했고 만족도도 매우 높았습니다(에헴). 원우들과 함께 떠나고 싶지만 여행 기획 경험이 없는 여러분을 위해 숙련된 조교인 저의 팁을 공유해볼까 합니다.

가장 중요한 것은 여행 일자와 여행지를 정하는 것입니다. 저는 최대한 많은 사람이 참여할 수 있는 날에 최대한 꽉 찬 일정을 선호하는 편이에요. 평일에 학교와 회사와 가정에서 최선을 다하는 사람들이기에 여행의 컨셉은 주로 '힐링'으로 잡았습니다. 이에 맞춰 고즈넉하고, 편안하고, 쉼이 있는 여행지를 선호하는 편이에요.

여행 일자와 여행지가 정해지면 바로 숙소 예약에 들어갑니다. 최근에는 에어비앤비를 통해 독채를 빌릴 수 있어 호텔보다는 편하게 모이는 편입니다. 숙소가 정해지면 바로 숙소 비용을 인원 수대로 나누어 선입금하도록 하죠. 이러면 추후 급작스럽게 누군가 빠져야 하는 상황이 와도 서로 불편하지 않을 수 있더라고요(제 꿀팁입니다). 급작스러운 인원 변경으로 인해 남은 사람들이 숙소 비용에 대한 부담이 올라가는 상황을 없앨 수 있고, 빠

더 늦기 전에 MBA 가면 어때요?

지는 사람이 미안해하며 이것저것 먹을 것을 사서 보내는 수고로움도 덜 수 있습니다.

다음으로 여행 일정에서 중요하게 생각하는 것은 동선이에요. 숙소를 정하고 나면 첫날 그 여행지에 들어가는 길부터 동선을 잘 짜야 시간 낭비를 안 할 수 있어요. 그래서 항상 미리 맛집도 검색하고, 가고 싶은 곳의 위치를 살펴 최적의 동선을 짜려고 노력합니다.

그리고 여행 일정은 웬만하면 한 명이 짜고, 나머지는 따르기를 추천합니다. 각자의 의견을 이야기하다 보면 동선이 꼬이거나, 서로 마음에 들지 않는 부분이 생길 수 있기 때문이죠. 한 명이 일정과 동선을 짜고, 나머지는 서프라이즈 선물처럼 받아보는 것도 좋지 않을까요?

추가적인 팁으로 저는 하루 일정 중의 하나는 꼭 액티비티를 넣습니다. MBA는 나이대가 다양하므로 누구는 당연히 해본 것을 한 번도 해보지 않은 사람도 있습니다. 일례로 제주 여행을 갔을 때 한 번은 프라이빗 요트를 타고 한 번은 킥보드를 타고 해안도로를 달렸는데, 저 같은 경우는 요트 체험이 처음이라 너무 신기한 데 반해 저보다 연령대가 높은 분들의 경우 킥보드를 보기만 했지 처음 타봤다며 좋아하셨던 기억이 나요. 해보지 않은 경험을 서로를 통해 할 수 있다는 것, 이 또한 MBA 사람들과 여행

▲ MBA 원우들과의 즐거운 여행

을 하는 장점입니다.

마지막으로 중요한 것이 서로에 대한 존중입니다. 살아온 세월, 여행의 스타일이 다르므로 무조건 빡빡한 일정을 강요해서는 안 돼요. 중간에 쉬고 싶은 사람이 있거나 하면 지체 없이 보내주는 것이 서로에게 행복한 여행으로 기억될 수 있는 지름길임을 기억하세요. (어차피 밤에 알코올 타임은 함께하니 걱정 없는 것일 수도…) 남은 사람들도 아쉬워하지 말고 여행지와 일정을 그대로 마음껏 느끼면 됩니다.

이렇게 정리하다 보니 또 여행 가고 싶네요. 우리 또 같이 여행 가지 않을래요?

과제의 숲을 슬기롭게 헤쳐나가기

김성식 원우

야간 MBA에 다니는 대부분은 낮에 직장 생활을 하므로 시간이 많지 않지만, 학교에 다니면 수많은 과제와 마주칠 수밖에 없습니다. 책에 있는 연습문제를 풀어서 제출해야 하는 과제, 조별 토론을 하고 토론 결과를 정리해서 제출해야 하는 과제, 수십 페이지가 넘는 영어 아티클을 읽고 문제를 푸는 과제 등 수업에 따라 과제의 형식도 다양합니다. MBA에 오는 분들은 다들 능력이 출중하시므로, 사실 과제가 어려워서가 아니라 할 시간이 부족해 힘들어하죠. 물론 정말 어려운 과제도 있어 머리를 싸맬 때도 있지만, 그보다 더욱 어렵고 중요한 것은 시간 배분인 것 같습니다.

꼭 정답이라 할 순 없지만, 짧은 시간에 필요한 과제들을 다 마무리하기 위한 팁을 몇 가지 드리고자 합니다.

1 | 조별 과제는 최대한 빠르게 R&R을 정하자

MBA 과제는 조별 과제가 많습니다. 조별 과제 초반에 R&R을 명확하게 하면 서로 시간 낭비를 방지하고 선택과 집중을 할 수 있습니다. 과제가 나오고, 조 편성이 완료되는 대로 R&R을 정하면 서로의 시간을 아낄 수 있습니다.

2 | 영어 아티클은 번역기를 적절히 활용하자

수업 내용에 따라 차이가 있을 순 있지만, 아티클 세부 내용을 자세히 파악하기보다는 아티클 전반의 흐름 파악이 우선 필요한 경우가 많습니다. 물론 영어 문장을 읽어 이해하는 것이 최선이겠지만, 시간이 부족한 직장인들은 그 많은 영어 문장을 하나하나 해석하기 어려울 거예요. 번역기를 통해 흐름을 파악하고 필요한 부분을 원문으로 읽는다면 더욱 효과적일 것입니다.

3 | 시험공부는 서로 돕는다

다양한 분야에서 근무하고, 전공도 다양하다 보니 분야별로 이해 속도가 남다른 분들이 있습니다. 이런 분들과 시험 전 스터디 형식으로 잠깐이라도 수업 내용을 리뷰한다면 더욱 빠르게 학습할 수 있습니다.

4 | 수업 내용 필기를 활용하기

너무 당연한 일이겠지만, 과제 또는 수업 시간에 강의했던 내용이 시험문제로 나오는 경우가 많습니다. 시험문제를 위해 따로 시간을 내어 준비하기보다는 과제를 풀어보며 시험을 준비하면 시험 전에 벼락치기로 힘든 시간을 보내는 것을 예방할 수 있습니다.

프로 발표러가 되는 PT 만렙의 팁

배고은 원우

PT 만렙이라니, 몸 둘 바를 모르겠습니다. 사실 PT를 준비하기 위해 저를 찾아오는 원우들이 많습니다만, 그들 대부분은 이런 이야기를 해요. "나는 달변가가 아니야. 남들 앞에서 말하는 게 너무 쑥스러워."

말솜씨가 좋으면 PT를 잘하는 걸까요? 중요한 것은 말솜씨 자체가 아닙니다. 사실 저는 제 기준에서 완벽하지 않은 PPT 자료를 가지고 발표를 하려고 하면 일단 자신감이 사라집니다. 그래서 제가 생각하는 PT 잘하는 법 1순위는 '기승전결이 명확하고 목적이 분명한 PPT 자료 만들기'입니다.

보통 MBA 과정에서 PPT는 조원과 적당히 분량을 나누고 각자 자료를 작성한 다음 줄줄이 붙여넣는 경우가 많습니다. 다들 회사에 다니느라 바쁘니까요. 여기까지는 당연히 좋습니다. 중요한 건, 그다음에 PPT를 만들거나 발표를 하는 사람이 자신만의 주관을 가지고 기승전결의 흐름을 잡아야 한다는 것입니다. 이 글에 신빙성을 더하기 위해 굳이 말을 덧붙이자면, 저는 S사 교육팀에서 7년간 근무하면서 강의자료를 만들고, 직접 교육을 진행한 경력이 있어요. 그러니 일단 믿고 다음과 같이 준비해보세요!

1 | 발표의 주제는 내가 봐도 재미있는 주제로 정한다

발표 조를 구성하면 제일 먼저 해야 할 일이 바로 발표 주제를 정하는 것입니다. 특히나 지양해야 할 것은 한 팀원이 자료를 많이 가지고 있다는 이유로 그냥 그걸로 주제를 정하는 것! 모름지기 주제란 내가 흥미로워야 남들도, 교수님도 흥미로워하는 법입니다. 어차피 필요한 지식은 찾으면 다 나옵니다. 지레 겁먹기보다는 재미있는 주제를 정하도록 합니다. 물론 교수님이 미리 평가 기준을 알려주신다면 그 기준에 맞는 주제를 선정하는 것이 가장 베스트입니다.

더 늦기 전에 MBA 가면 어때요?

2 | 목차는 신중히 짜야 한다

목차는 발표의 큰 뼈대를 구성하는 것입니다. 대부분이 자료를 찾고 난 후 자료에 맞춰 목차를 정하는데, 그렇게 하면 한쪽으로만 자료가 쏠리거나 굳이 넣지 않아도 될 내용을 계륵처럼 넣는 오류를 범하기가 쉽습니다. 무엇이든 뼈대가 단단해야 어울리는 살을 붙이기 쉬운 법이죠. 자료를 찾기 전에 목차를 먼저 정하세요. '서론–본론–결론' 혹은 '기–승–전–결'로 주제에 맞춰 어떤 메시지를 전달하고 싶은지 핵심을 정하는 과정이라고 생각하면 좋아요. 그런 다음 조원들 사이에 업무 배분을 정확히 해서 자료 조사에 착수하면 됩니다.

3 | 자료는 꼭 필요한 자료만 선별해 정리한다

가끔 자료조사를 할 때 관련된 내용을 여러 페이지의 줄글로 수집하는 사람들이 있는데, 이것은 PPT 제작이나 발표를 담당한 원우에게 너무 가혹한 일이에요. 자료는 발표 주제의 범위 안에서 간략하게 정리했을 때 빛을 발합니다. 물론 발표자를 배려한다면 키워드 중심으로 지나치게 축약해 정리하는 것도 옳지 않지만(이것은 PPT 자료 제작 담당자가 할 몫이죠) 찾은 자료에서 이야기하고자 하는 핵심, 보조자료, 주석 순으로 발표자가 내용을 이해하기 쉽게 정리하는 것이 좋습니다. 자료의 양보다 질이 중요해요.

4 | PPT 담당자는 숲을 보며 나무를 심어야 한다

앞서 흐름에 따라 자료를 취합했다는 전제하에 PPT 담당자는 자료의 순서를 명확히 정리하고 이를 이미지로 시각화시켜야 합니다. 보통 제가 PPT를 제작하고 다른 사람이 발표하게 될 경우, 발표 슬라이드는 최대한 시각화시켜 심플하게 정리하면서 밑에 스크립트에다가 그 내용을 줄글로 풀어 써주는 방식으로 작업하는데요. 설명하는 사람이 내용을 정확하게 알아야 정확하게 전달할 수 있기 때문입니다.

그런 측면에서 PPT 담당자는 단순히 디자인을 잘한다는 개념보다는 전체 숲을 구성하듯이 논리의 흐름에 맞게 발표 슬라이드의 순서를 맞추고, 그 안에서 슬라이드 한 장 한 장에 나무를 심는 사람이라고 생각하면 좋습니다. 자연스레 발표자 다음으로 이 내용을 100% 이해하고 있는 사람이라고 할 수 있죠.

5 | 발표의 완성도는 수십 번의 피나는 연습 끝에 이루어진다

발표에서 가장 중요한 것은 스크립트를 작성하는 것입니다. 스스로 말을 잘한다고 생각하는 사람들이 범하기 쉬운 가장 큰 실수가 스크립트를 작성하지 않는 것인데요. 스크립트를 작성하지 않으면 중언부언 말하게 될 가능성이 크고, 무엇보다 발표 시간을 맞추기 어려워집니다. 프로 발표러의 가장 중요한 덕목 1순위는 바로 '시간 관리'. 아무리 좋은 강의라도 시간 안에 끝내지 않으면 청중들의 머릿속으로 전혀 들어가지 않아요. 허공에 뜬 시간이 되어 서로의 시간을 버리는 일이 되는 것이죠. 이 모든 것을 예방하는 방안으로 스크립트를 작성하고 연습하는 것을 추천합니다.

저는 보통 발표를 준비할 때 스크립트를 작성하고, 타이머를 켜 두고 시간을 재며 연습합니다. 실제 발표에서 긴장하면 말이 조금 빨라지거나 느려질 수도 있으니 그 부분까지 감안해 넉넉하게 준비하는 것이 필요합니다. 추가 팁을 드리자면 발표는 길어지는 것보다 차라리 빨리 끝나는 것이 청중들의 호응을 얻어내기 좋다는 점입니다. 그리고 발표 자료를 보면서 연습하다 보면 특별히 강조해야 할 곳과 언급만 하고 넘어가야 할 부분도 보이게 됩니다. 이런 부분을 짚어주는 것도 발표의 중요한 스킬이죠.

정리하자면 스크립트를 작성할 것(보통 저는 서두의 인사말과 중간중간에 칠 농담까지도 스크립트에 적습니다), 타이머를 켜고 시간을 맞출 것, 리허설을 할 것(영상 소리는 잘 나는지, 폰트는 깨지지 않는지, 마이크는 잘 되는지를 미리 현장에서 확인합니다)을 당부드립니다.

PPT 디자인을 잘하는 팁

1. 한 가지 서체를 쓰는 것은 옛날 스타일. 두세 가지 서체를 용도에 정해서 사용하는 것을 추천해요. 저는 보통 '제목, 본문, 강조' 이렇게 세 개의 폰트를 사용합니다. 단, 각각의 목적에 부합하는 서체를 선정해야 합니다. 서체에서 가장 중요하게 여겨야 하는 것이 가독성임을 잊지 마세요.

2. PPT 디자인은 컨셉을 잡는 것이 50%의 공정률이라고 감히 말할 수 있을 정도로 중요합니다. 컨셉만 잘 잡으면 나머지는 자연스레 틀에 맞추기만 하면 되죠. 여기에서 컨셉을 잡는다는 의미는 어떤 색깔을 쓸 것인지, 어떤 디자인을 쓸 것인지를 정하는 것입니다. 학교에서 제공해주는 기본 배경을 사용하기보다는 그날의 발표 주제와 연관되는 느낌으로 구성하는 것이 좋아요. 그리고 색깔은 최대 세 가지 이상을 사용하지 않는 걸 추천합니다.

3. 보조자료는 PPT의 색 보정 기능을 활용해 최대한 색감을 맞추세요. 표는 그냥 이미지로 붙여넣기보다는 실제로 그리는 것이 훨씬 통일감 있고 깔끔한 PPT로 거듭나게 합니다.

4. PPT 템플릿을 직접 제작하기 어렵다면 포털사이트 이미지 검색에서 '포스터'를 검색해 참고할 만한 이미지들이 확인하세요. PPT 템플릿은 이미 20년 전 자료부터 있어서 촌스러운 느낌을 지울 수 없어요. 현재 나오는 각종 안내 포스터의 디자인을 차용하면 현대적인 감각의 템플릿을 만들 수 있으

더 늦기 전에 MBA 가면 어때요?

니 참고하세요.

5. 최대한 도식화, 시각화하세요. 설명은 발표자의 몫입니다. PPT는 발표자의 설명을 최대한 서포트해주는 것이라고 생각해주세요. PPT에 많은 정보를 글로 담으려 하다 보면 눈에 잘 들어오지 않을 수 있습니다. 단, 이 PPT를 보고서 형태로 제출해야 한다면 50:50 비중으로 잘 섞어서 정리할 필요가 있겠네요.

낯선 발표에 익숙해지는 법

김태윤 원우

대학원 수업의 대부분은 발표 수업으로 진행됩니다. 수업이 진행되면서 챕터별 탐구 주제가 정해지고 조를 짜서 조별 과제가 진행되죠. 즉 조별로 맡은 주제에 따른 선행 연구와 자료 수집, 발표 자료 작성이 완료되면 수업 시간에 발표(!)하게 됩니다.

조장들은 대부분 회사에서 발표 경험이 많고 대중 앞에서 하는 발표에 자신이 있는 학우가 대부분인데요. 자연스레 조장 외의 다른 원우들은 발표 대신 기타 자료 수집, 발표 자료 작성 등을 통해 조원으로의 몫을 수행하게 됩니다.

발표자가 된다는 것은 여러 장점이 있습니다. 아무래도 발표한 주제에 자기 학습이 될 것이고, 해당 주제에 관한 질문과 답변을 교수님과 학우들로부터 주고받으면서 학습한 것 이상으로 배워갈 기회를 얻게 되죠.

저는 1학년 여름 계절학기에 '비즈니스 게임을 위한 의사결정' 수업을 들었습니다. 이 수업은 조별로 비즈니스 게임 플랫폼을 활용해 경영 효율성을 강화하고 최선의 의사결정을 목표로 하는 수업이었습니다. 저희 조가 맡은 기업은 신발 제조 기업이었는데요. 생산기지 구축, 광고 루트 선택, 유통채널 선정, 사내 복지 및 임금체계 구축 등을 제시된 환경과 요건을 고려해 최선의 선택을 하는 것이 목표였습니다. 게임 프로그램 플랫폼을 활용해 스스로 배워나가는 것이었죠. 물론 이 수업도 여느 수업과 마찬가지로 조별 발표가 있었습니다. 조장이 발표자가 되어 의사결정을 해나간 과정과 결론을 발표했어요.

저는 대학원에서 발표자로 수업에 한 번 참여해보고 싶었지만 늘 용기를 내지 못하고 있었어요. 그러다 마침내 조장이 될 기회가 왔죠. 조장이 되니 조별 과제의 의사결정에도 적극적으로 참여하게 되었고 조원들의 의견을 종합해 의사결정을 도출해나가는 과정에서 여러모로 책임감을 느끼게 했습니다.

조장을 맡기 전에는 발표에 대한 심리적인 부담이 컸지만, 막상 발표를 위해 원우들 앞에 서보니 조원들과 프로젝트 진행 과정을 통한 학습으로 발표에 대한 자신감이 생겨 긴장은 사라졌습니다. 함께 고생한 조원들을 위해서라도 발표를 더 잘하고 싶은 생각으로 가득 찼죠.

또한 원우들 사이에서 소통의 중심에 다가간 듯한 느낌이 들면서 저 자신을 모두에게 알리는 좋은 기회라는 생각도 들었습니다. 자신감을 가지고 발표에 임하니 그 시간을 즐기게 되면서 시간이 가는 줄도 몰랐고 결국 조별 발표 제한 시간 15분을 한참 넘어서 발표를 끝냈던 기억이 나네요. 제게는 너무 좋은 기회이자 시간이었고 조원들을 대신해 발표했다는 생각과 함께 원우들과도 좀 더 가까워진 것 같은 느낌이 들어 너무 뿌듯했습니다.

많은 학우 앞에서 발표한다는 것은 쉬운 일은 아닙니다. 하지만 다들 처음이 어렵지 한 번 해보면 두 번, 세 번은 쉽게 할 수 있을 거라 확신합니다. MBA에 입학한 이상 두려움을 떨쳐 버리고 적극적이고 능동적으로 수업에 참여하자는 각오가 필요합니다. 한 번이라도 발표자로 나선다면 발표하고 난 후 좀 더 성장한 본인의 모습을 확인할 수 있을 것입니다. 물론 교우 관계에서도 더 다양한 기회를 가질 수 있을 거고요.

발표에 익숙해지고 싶다면 지금 당장 손을 들고 발표자가 되어보세요.

수강 신청을 대하는 나만의 기준

전선함 원우

MBA에는 경영학을 기반으로 하는 다양한 수업이 개설되어 있습니다. 물론 학교별로 기본적인 커리큘럼이 잡혀 있습니다. 하지만 그 안에서 어떤 교수님의 수업을 들을지, 어떤 세부 전공의 수업을 중점으로 할지 본인의 선택에 따라 다양한 조합이 나올 수 있습니다. 수강 신청 자체의 성공과 실패도 중요하지만, 수업을 고르는 것도 그에 못지않게 중요함에도 수업은 크게 고민하지 않고 고르는 경우가 더러 있습니다.

 우선 수업을 고르기 전에 본인 나름대로 목표를 정할 필요가 있습니다. 예를 들어보죠. '직무 이동을 위해 관련 세부 전공 내용을 최대한 수강하겠다.' '여러 파트 내용을 두루두루 훑어보겠다.' 혹은 '학점을 우선시하겠다.' 등의 목표를 생각해볼 수 있겠네요. 그럼 이에 대해 하나씩 생각해보겠습니다.

먼저 직무 이동을 고려해 관련 세부 전공과목을 최대한 수강해볼 수 있습니다. 저의 경우는 현재 세무팀을 거쳐 회계팀에 재직 중임에도 대학교 학부 시절 관련 전공을 수강한 이력이 전혀 없습니다. 심지어 학과도 경제학과인지라 연관성이 전혀 없죠. 성적증명서에 그 흔한 회계원리 수강 기록조차 없어요. 물론 당장에 일을 하는 데는 문제가 없지만, 승진을 위한 심사를 하거나 이직을 위한 서류를 제출하는 등 어딘가 제 이력을 제출할 필요가 있다고 하면 아무래도 서류가 빈약해질 수밖에 없습니다.

그런 측면에서 MBA에서 관련 세부 전공 수강 등을 활용해 서류상 단점을 보완할 기회를 얻을 수 있죠. 예를 들어 연세대 CMBA의 경우 재무, 마케팅, 전략기획 등의 세 분야에 대해 전공과목이 개설되어 있으며, 해당 분야 과목을 일정 학점 이상을 수강한다면 이에 대한 학위를 추가로 수여하고 있습니다. 주변 원우들 중 실제로 마케팅 학위를 취득해 마케팅 부서로 이직을 계획하는 원우도 있습니다.

다음으로 여러 파트 내용을 두루두루 훑어볼 수도 있습니다.

더 늦기 전에 MBA 가면 어때요?

다른 제약 사항이 없다면 가장 MBA의 취지에 부합하는 목적이라고 생각해요. 학부 시절에도 마찬가지였지만 학기마다 3개월 혹은 6개월 동안 두꺼운 교재를 바탕으로 수업이 진행되기 때문에 진도를 A to Z로 나가는 건 현실적으로 어렵습니다. 따라서 교수님의 수업 스타일에 따라 중요하다고 판단하시는 포인트들을 골라내서 강의가 진행됩니다. 비록 짧게 언급되었더라도 새로운 어떤 지식 혹은 개념이 있다는 걸 수업을 통해 알게 되었다면 그중 나에게 필요한 개념을 취사선택해 공부하고 실무에 적용하는 것은 우리 몫이겠죠.

요즘은 어떤 개념이 있다는 것 자체를 몰라서 문제지, 있다는 것만 인지한다면 인터넷이건 책이건 여러 매체를 통해 공부할 수 있는 소스는 충분합니다. 그러므로 평소 접하기 힘든 영역의 과목들을 최대한 접해보는 것도 좋은 목표가 될 수 있습니다. 이를 통해 필요한 내용을 선별해 스스로 심화시킬 수 있는 나만의 리스트를 작성할 수도 있겠죠. 이를 위해 MBA를 활용하는 것도 좋은 선택지가 될 것입니다.

마지막으로 학점을 우선시하는 경우입니다. 이 경우 수업 자체를 고르기는 쉽습니다. 어느 대학교, 어느 MBA라도 비슷하겠지만, 각종 수업, 동호회, 술자리 등을 통해 교수님들의 성향 혹은 수업 스타일을 조금씩 알아가게 됩니다. 거기에는 평균적으로 높은 학점을 받을 수 있는지에 대한 정보도 물론 있겠죠. 필수 과목처럼 교수님이 강제로 배정되는 경우는 어쩔 수 없겠지만, 그 외에는 학점을 잘 주는 교수님의 수업만 골라서 들으면 학점은 잘 나올 가능성이 당연히 커집니다. 그에 따라 장학금 등의 혜택도 따라오므로 이를 노려보는 것도 나쁘지 않은 전략입니다. 다만 장학금이 목적이 아니라면 MBA의 학점은 그다지 중요하지 않다는 점에서, 개인적으로는 선호하지 않습니다.

자, 이제 어떤 방식으로든 본인의 목표를 정했다면 남들의 의견을 참고하되 과도하게 휘둘리지 않는 것이 중요합니다. 이와 관련해 제가 후회되는 결정 하나와 잘했던 결정 하나를 순서대로 말씀드릴게요.

계절학기 수강 신청을 앞둔 어느 날, 저는 마지막에 마지막까지 수강할 과목을 정하지 못하고 있었습니다. 세부 전공을 통해 재무 학위를 추가로 노리던 상황이라 이성적으로 생각했을 때 재무 학점이 인정되는 과목을 수강해야 했죠. 고민할 필요조차 없었어요. 왜냐하면 겨울 계절학기에 재무 과목이 열리지 않는다면 재무 학위를 받지 못하게 되는 상황이었으니까요.

그런데 하필 해당 수업과 같은 시간에 많은 원우가 인생 강의라고 추천받았다는 강의가 잡혔어요. 사실 인생 강의라고 누가 추천했는지 출처조차 분명하지 않았으나, 제가 참여해 있는 여

더 늦기 전에 MBA 가면 어때요?

러 SNS에서는 이미 많은 원우가 눈에 불을 켜고 그 강의를 노리고 있었습니다. 결국 제 눈에도 불이 켜졌고 겨울 계절학기에 재무 강의가 열릴 거라 희망 회로를 풀가동하며 그들의 인생 강의를 제 인생 강의에도 포함시켰습니다. 심지어 저처럼 마케팅 학위를 위해 마케팅 과목을 들어야 했던 원우의 수강 신청도 최선을 다해 도와주었고 함께 한 학기 동안 인생 강의를 들을 수 있었어요. '누군지 모를 그들만의' 인생 강의를 말이죠.

MBA에는 정말 다양한 배경을 가진 원우들이 모여 있습니다. 전공도 성향도 혼재되어 있고, 심지어 현재 회사에서의 업무도 범위도 다릅니다. 제가 회계 파트에서 일하고 있으니 이 분야를 예로 들어볼게요. MBA에는 현직 회계사로 일하고 계신 분들도 종종 있습니다. 만약 회계의 기초를 배워야 하는 회계원리 시간에 교수님이 고급 회계를 주제로 훌륭한 강의를 했다고 생각해보세요. 다수의 수강생에게 그 수업은 목적을 무시한 형편 없는 강의일 가능성이 큽니다. 하지만 이미 배경지식을 가진 회계사 입장에서는 소위 '인생 강의'였을 수도 있어요. 이렇듯 일반화의 오류를 범하지 않도록 조심할 필요가 있습니다.

다행히도 반대되는 사례도 있습니다. '인생 강의'를 들은 계절학기가 지난 바로 다음 학기의 이야기입니다. 계절학기의 실패를 만회하고자 나름대로 수강 계획을 짰고, 제 예상과는 달리 굉장히 쉽게 원하는 대로 수강 신청을 마칠 수 있었습니다. 이번에는 마음 편히 가나 했는데, 제가 신청한 수업 중 하나를 수강 취소하는 데 혈안이 된 원우들이 여러 SNS에 보였습니다. 수업 계획서를 보니 너무 복잡하고 일정이 너무 타이트하다는 것이 취소 사유였죠.

회사에 다니면서 학업을 진행하는 특성상 수업 일정이 과도하게 타이트한 경우 한 과목으로 인해서도 한 학기가 힘들어질 가능성이 큰 것이 사실입니다. 게다가 저와 함께 신청했던 원우들도 대부분이 다른 수업으로 함께 이동하자고 권유하는 상황이었기에, 이번에도 대세를 따라 해당 수업을 철회하고 다른 수업으로 이동했죠.

하지만 지난 계절학기의 실수가 떠올라 수강 변경 기간 내내 영 마음이 불편했습니다. 마지막 학기 수업이라 혼자 듣고 싶지는 않은 마음도 있고, 모두가 옮겨간 강의는 제게 불필요한 강의인 것 같다는 고민을 이틀 내내 했어요. 결국 혼자 듣더라도 내가 고른 과목을 들어보자고 결정했고, 개인적으로 그 강의는 해당 학기 동안 저에게 가장 큰 영향을 주었습니다. 물론 긍정적인 방향으로 말이죠.

물론 반대의 사례도 있을 거예요. "대세를 따랐더니 너무 좋았다. 인생 강의였다." "대세를 거슬러 내가 듣고 싶은 강의를 들었

더 늦기 전에 MBA 가면 어때요?

더니 최악이었다." 물론 있겠죠. 하지만 이렇게 종잡을 수 없는 상황일수록 더더욱 선택에 있어 본인의 기준이 필요하다고 생각합니다. 강의가 마음에 들었다면 "역시 내 기준에 따라 들었더니 좋았다." 혹은 강의가 마음에 들지 않았더라도 "강의는 별로였지만 내 기준에 따라 필요했다."라고 최소한의 자기 합리화는 가능하도록 말이죠.

어깨가 무겁다면, 이제 패드다!

전선함 원우

MBA 수업 시간에는 연령대와 상관없이 많은 분이 패드 종류를 활용해 공부하는 모습을 자주 볼 수 있습니다. 하지만 당장 저도 학부 시절 패드를 들고 공부하던 세대가 아니다 보니 아무래도 활용이 조금은 미숙하다는 생각이 드네요. 그래서 익숙하지 않다는 이유로 패드를 고려조차 하지 않았을 분들을 위해, 패드가 MBA에서 얼마나 유용하게 쓰일 수 있는지 소개하려고 합니다.

더 늦기 전에 MBA 가면 어때요?

1 | 무거운 전공 교재를 들고 다니지 않을 수 있다

경제학과를 나온 저는 항상 두꺼운 『맨큐의 경제학』, 『미시 경제학』, 『거시 경제학』 등의 교재가 너무나 무거웠던 기억이 있습니다. 그나마 학부 시절 고학년이 되면서 사물함 혹은 동아리방 등을 활용해 교재를 학교에 두고 다닐 수 있었지만요.

그런데 MBA도 다를 바가 없습니다. 물론 각종 프린트물로 진행하는 수업들도 있습니다만 두꺼운 전공 교재를 활용하는 수업도 포진해 있습니다. 집에서 학교로 가는 것도 아니고 출근길에 무거운 교재를 들고 출근했다가, 퇴근할 때 가뜩이나 무거운 어깨에 무거운 가방까지 더해지니 진퇴양난이 아닐 수 없습니다.

MBA 과정에서는 사물함을 얻기도 쉽지 않을뿐더러, 어차피 과제를 해야 하므로 교재를 집으로 들고 가야 할 일이 많습니다. 차를 타고 와서 괜찮다는 분들이 있을 수 있으나, 보통 수업 후 각종 네트워킹 자리로 인해 대리운전 서비스 관련 비용이 발생하는 관계로 애초에 차를 두고 오는 분들이 많아요. 이러나저러나 무거운 교재를 들고 왔다 갔다 해야 하는 상황이라는 거죠.

이때 패드에 교재를 파일로 저장한다면 아무 걱정을 할 필요가 없어집니다. 더불어 저처럼 모든 교재를 다 저장해두면 요일과 관계없이 무슨 수업을 하건 무조건 패드만 들고 다니면 되기 때문에 가방이 가벼워집니다. 교재를 헷갈릴 염려도 없고요.

게다가 요즘 패드의 성능이 좋아지면서 펜으로 필기를 하면 종이에 쓰는 것과 별반 차이가 없을 정도로 인식률이 높아요. 물론 종이에 쓰는 그 질감까지 따라올 수는 없겠지만 형광펜을 칠하거나 펜으로 필기하는 등 다양한 작업이 모두 가능하므로 전자책에 대한 거부감이 크지 않다면 강력 추천합니다.

패드용 교재 만들기

그럼 교재를 파일로 어떻게 저장하는지에 대한 방법에 대해 알려드리겠습니다. 주변에서 많이 궁금해하셨던 내용을 위주로 정리했어요.

Q. 교재를 파일로 저장한다는 게 무슨 뜻인가요?

교재를 스캔해서 PDF 파일로 저장한다는 의미입니다. OCR 기능을 지원하는 스캐너를 사용했을 때 100% 정확하지는 않지만 스캔한 결과물에서 활자 검색도 가능해요. 즉 그림으로 인식하고 스캔한 것이 아니라 스캔하면서 그림이 아닌 글자임을 인식해서 이를 실제 텍스트로 검색되도록 바꿔주는 기능이라고 볼 수 있겠네요. 종이로 된 교재라면 색인을 통해 직접 뒤적거려야 할 작업도 검색 기능을 통해 어느 정도 작업할 수 있어 유용합니다.

Q. 왜 교재를 스캔할 생각을 하게 되셨나요?

어느 날 방을 정리하다 보니 각종 책으로 인해 물리적으로 정리가 힘든 상황이 왔습니다. 중고 서점에 판매조차 되지 않는 책들이 많았는데, 죄다 버리고 싶지는 않았어요. 그래서 고안한 방법이 전부 스캔해서 파일로 보관하는 것이었습니다. 실제로 많은 책을 스캔하고 버린 덕에 정리가 많이 되었습니다. (단지 버린 만큼 다시 사서 여전히 방은 지저분하네요.) 이런 배경에서 교재를 스캔하는 것도 자연스러웠죠.

Q. 처음부터 이북(E-book)을 구매하면 되지 않나요?

아쉽게도 대학 교재는 대부분 이북이 없습니다. 수요가 별로 없어서일 수도 있겠네요. 또 이북은 필기 앱 등을 통해 교재 자체에 필기하는 것이 불가능하기에 스캔하는 것을 선호합니다.

Q. 스캔하기 위한 교재는 어디서 구하나요?

스캔을 위한 교재가 따로 있지는 않아요. 일반 교재를 서점에서 구입해 스캔합니다. 스캔하는 방법은 업체에 맡기는 방법과 직접 하는 방법이 있습니다.

Q. 업체에 스캔을 맡기는 과정에 대해 알려주세요.

보통 대학가 근처에 서적을 스캔해주는 업체들이 많습니다. 스캔하는 시간당 혹은 장당 가격을 책정해 금액을 산정하는 방식입니다. OCR 기능은 옵션을 적용하는 방식으로 작업해주는 곳도 더러 있었던 것 같습니다. 저작권 등으로 인해 원본은 돌려주지 않고 스캔 후 파기합니다.

Q. 직접 스캔하는 과정에 대해 알려주세요.

우선 재단기와 스캐너가 필요합니다. 하지만 교재 외에는 굳이 스캔할 일이 없을 것 같다면 굳이 구매할 필요는 없어요. 혹은 스캐너는 꼭 책이 아니라도 사용 용도가 있으므로 재단만 근처 문구점 혹은 제본 가능한 업체에서 재단하고 집에서 스캔하는 방법도 있습니다. 북 스캔에 매력을 느낀 분이라면 아래의 재단기와 스캐너에 관한 내용을 참조해주세요.

재단기는 우리나라 서적 기준으로 좌측의 접착된 면을 한 번에 잘라내어 한 장씩 스캔하기 쉽도록 만들어줍니다. 재단기의 종류는 작두처럼 한 번에 잘라내는 작두형 재단기와 톱처럼 긁으면서 잘라내는 트리머 재단기가 있습니다. 작두형 재단기는 한 번에 잘리므로 편합니다. 하지만 일직선으로 잘리지 않고 종이가 눌리면서 사선으로 잘리죠. 그로 인해 스캔 결과물의 수평이 조금씩 달라질 수 있다는 단점이 있습니다. 수평 문제는 경우는 굳이 거슬리면 PDF 편집기를 통해서도 어느 정도 조절할 수 있으므로 저는 이 절단기를 사용하고 있습니다.

아무래도 칼날이 위험할 수 있는 관계로 아이가 있는 집에서는 트리머 재단기를 많이 사용합니다. 트리머 절단기는 장단점이 정확히 반대입니다. 여러 번의 톱질(?)을 통해 잘라내야 하므로 작업이 상대적으로 불편합니다. 하지만 깔끔하게 일직선으로 잘리고 상대적으로 안전하다는 장점이 있습니다.

스캐너는 북 스캔 등으로 검색해보면 몇몇 모델이 나옵니다. MBA에서 제가 교재를 스캔해서 본다고 하니 한 면 한 면 스캔하느라 힘들었겠다는 말을 많이 하더라고요. 아마 유리 면에 한 장씩 대고 수백 장을 스캔한 걸로 생각하신 것 같아요. 하지만 아니에요. 제가 사용하는 모델은 중급 정도의 모델인데, 한 번에 약 50장씩 넣고 스캔 버튼을 누르면 알아서 50장을 스캔합니다. 한 장 들어가서 나오는 데 1초 정도 걸리고 양면이 동시에 스캔됩니다. 50장씩 채워 넣을 수 있으므로 400페이지라고 하면 4번만 종이를 갈아주면 스캔이 완료되므로 크게 힘든 작업은 아닙니다.

Q. 교재 스캔이 법적으로 문제가 되지는 않나요?
개인용으로 사용하면 문제가 없습니다. 물론 스캔 결과물을 타인과 공유하면 당연히 문제가 되니 주의해야 합니다. 제 경우는 스캔한 후 개인용으로 사용하고 원본은 보통은 그대로 버리고 있습니다. 그렇지만 버리면 안 되는 경우가 있습니다. 바로 시험이 오픈북 형태일 경우입니다. "저는 스캔해서 교재 파일이 패드에 있습니다."라고 교수님께 말씀드려본 적이 있으나 일단 통신이 가능한 전자기기인 관계로 검색을 통한 부정행위의 가능성이 있어 결국 허락받지 못했습니다. 그러니 학기 초에 시험 형태를 확인해보고 원본을 버릴지 혹은 일단 보관할지 결정하세요.

2 | 프린트물을 출력할 필요가 없다

패드로 바로 프린트물 파일을 받아서 사용할 수 있으므로 각종 프린트물을 출력할 필요가 없습니다. 교재를 사용하지 않는 수업은 보통 매 시간 프린트물을 출력해야 하는데요. 3시간 수업의 프린트물이다 보니 장수가 많아요. A4 기준으로 20~30장씩 된 적도 있었습니다.

그나마 일찍 올려주는 경우는 괜찮으나 7시 수업인데 6시 50분에 프린트물이 파일로 올라오는 수업들도 있습니다. 아무래도 교수님들도 대부분 노트북 혹은 패드를 통해 프린트물을 보는 것을 알고 계시다 보니 이런 일이 생겨요. 이런 경우에 노트북이나 패드 등 전자기기가 없다면 참 난감하겠죠.

물론 노트북도 패드처럼 필기가 가능한 2 in 1 제품이라면 필기 등에 전혀 불편함 없이 사용할 수 있습니다. 다만 아무래도 패드보다는 무겁다는 점을 감안해 편한 것을 선택하세요.

3 | 각종 앱을 활용한 복습이 용이하다

사실 시험 기간을 제외하고는 복습을 거의 해보지 않았어요. 이 자리를 빌어 반성해봅니다. 하지만 복습도 열심히 하는 성실한 학생일 독자분을 위해 소개합니다.

우선 대부분의 앱이 패드와 스마트폰에서 함께 사용 및 연동됩니다. 따라서 수업 시간에 패드에 열심히 필기하고 급할 때는 버스에서 혹은 지하철에서 스마트폰을 통해 필기한 부분 중 필요한 부분을 찾아서 살펴볼 수 있죠.

필기뿐 아니라 중요한 부분을 녹음하는 경우에도 유용하게 사용할 수 있는 앱이 많습니다. 예를 들어 제가 사용하는 앱은 녹음하면서 필기를 하면 특정 필기 부분을 터치했을 때 필기할 당시 녹음된 음성이 재생됩니다. 단순히 녹음만 했을 때는 이게 대체 몇 분에 어느 페이지 강의 내용이 나오는지 알 수 없는 것과 비교해보면 굉장히 편리해요. 물론 녹음한다면 사전에 교수님께 허락을 받는 편이 매너죠.

합법적 해외 도피로서의 MBA?

김희택 원우

우리가 MBA에 진학하면서 바라는 것은 무엇일까요? MBA는 우리에게 무엇을 줄 수 있을까요? 여러 답이 나올 수 있겠지만, 한 단어로 요약하면 '기회'라고 생각합니다. 부족했던 지식을 채우는 기회, 다양한 사람들을 만나는 기회, 필요한 학위를 얻는 기회, 새로운 경력 개발을 위한 기회 말이죠.

　그런데 MBA에서 얻을 수 있는 또 다른 기회가 있습니다. 어쩌면 다시 오지 않을 기회일지도 모르겠어요. 학생의 신분으로 생업의 굴레에서 벗어나 새로운 환경에서 살아볼 수 있는 시간.

더 늦기 전에 MBA 가면 어때요?

낯설겠지만 MBA에도 대학교 때처럼 외국 MBA 교환학생 프로그램이 있습니다.

국내 MBA에 입학하고자 하는 분들이라면 최소한 이미 학부를 졸업하셨겠죠. 따라서 외국에서 장기간 살아보는 경험을 희망하고 있다면 대개 현 직장에서의 해외 주재원 파견이나 현지 직접 취업, 혹은 해외 유학을 떠나는 것 정도가 현실적으로 생각해볼 수 있는 길입니다(해외 이민은 제외하도록 하죠). 문제는 세 가지 모두 결코 쉬운 방법이 아니라는 겁니다.

주재원 파견의 경우, 일단 해외 주재원 제도를 운영하는 회사가 그리 많지 않습니다. 게다가 회사에서 파견 가능한 국가 중에 본인이 원하는 곳이 없을 가능성도 커요. 혹 운 좋게 본인이 희망하는 국가를 보내주는 직장을 다니고 있다고 해도, 사내의 수많은 후보가 있고 그 자리의 경쟁률은 아주 치열하겠죠.

해외 현지 기업으로 취업하고자 한다면 대부분은 해외 거주 경험 자체에 방점을 두기보다는 이직 및 경력 개발 측면의 목적이 더 크다고 생각합니다. 이 점을 차치하고라도, 외국 소재 기업에 직접 지원할 기회가 드물기도 합니다. 여기에 합격해 해외 직장 생활을 성공적으로 해나가기 위한 언어 능력과 직무 전문성 등의 요건을 갖추고 있는 사람은 (비록 국내 MBA에 수많은 훌륭한 인재가 모인다 하더라도) 더욱 흔치 않죠.

이미 국내 MBA를 알아보고 있는 분들이 해외 유학을 고민한다면, 국내 MBA를 마치고 또다시 몇 년간의 해외 석사나 박사 과정을 준비해 다시 입학하거나 아예 국내 MBA가 아닌 해외 MBA로 방향을 트는 것 중 하나일 거예요. 전자는 해외 현지 취업처럼 본인의 커리어 관점에서 또 다른 배움과 외국 학위가 필요하기 때문에 더 많은 시간과 돈을 투자하겠다는 의미겠죠. 결국 이 역시 방향성이 좀 다르다고 볼 수 있습니다. 해외 유학 준비의 어려움과 낮은 합격률(어떤 곳을 지원하는지에 따라 다르겠지만) 역시 중요한 부분이에요. 만약 국내 MBA가 아니라 처음부터 해외 MBA로 입학하기로 했다면? 그런 분들은 아마 이 책을 읽고 있지 않을 겁니다.

이런 경우들에 비하면 MBA 교환학생 프로그램은 훨씬 더 난도가 낮습니다. 물론 필요한 준비 요건이나 선발 심사 과정이 아예 없다는 뜻은 아니지만, 사내의 수많은 쟁쟁한 선후배 동료 중 선발되어야 하는 해외 주재원이나, 전 세계 각국에서 모이는 지원자들 사이에서 제일 돋보여야 하는 해외 취업, 또는 유학에 비하면 MBA 교환학생의 경쟁률은 훨씬 수월하죠. 후술하겠지만 학부 시절 교환학생보다도 더 쉽게 합격할 수 있다고 생각해요. 본인이 미리 준비해야 하는 부담도, 기본적인 어학 능력을 제외하면 해외 취업이나 유학 준비에 비할 수 없는 정도입니다.

이쯤 되면 당연하게 나오는 질문이 있어요. "굳이 저런 어려운 과정을 거쳐야만 해외로 나갈 수 있는 건 아니지 않을까? 정말로 가보고 싶다면, 훌훌 털어버리고 떠나면 되지!" 맞는 말입니다. 어느 정도 '재정적 여력'만 있다면, 직장·소득·가족·경력단절 이 모든 것으로부터 당분간은 자유로울 수 있는 '용기'만 있다면 떠날 수 있겠죠. 이 용기는 MBA 교환학생으로 나갈 때도 똑같이 필요하니 다를 것도 없고요. 어려운 준비 절차를 밟아가며 합격과 불합격 사이에서 조마조마하게 기다릴 필요가 없습니다.

그런데 왜 못할까요? 여러 이유가 있겠지만, 소속되지 않는 것에 대한 본능적 두려움이 우리의 발을 내딛지 못하게 붙잡는 큰 장애물이라고 생각합니다. 인간은 사회적 동물이기 때문에 특정한 십단에 속함으로써 자신의 정체성을 확보하려고 한다는 설명도, 머나먼 옛날 야생의 숲이나 벌판에서 혼자가 된다는 것이 곧 죽음을 의미했던 시절부터 유전자에 새겨져 내려온 본능이라는 설명도 모두 말이 되는 것 같아요. 뭐가 되었건 그 이유가 중요하지는 않습니다. 중요한 것은 직장이든, 학교든, 어떤 모임이든 간에 우리는 어딘가 속하면서 얻게 되는 소속감을 결코 쉽게 떨쳐낼 수 없다는 것입니다.

'합법적 해외 도피'라는 거창한 제목을 붙인 까닭은 여기에 있습니다. 우리에게는 명분이 필요하고, 그 명분은 해외 한복판에

홀로 떨어지더라도 나는 'MBA의 학생'이라고 말할 수 있는 소속 감입니다. 그 소속감이 마치 합법적이라고 느껴질 만큼의 심리적 안정감을 느끼게 하죠. 이런 이유로 우리는 지금의 현실로부터 멀어져 타지로 당분간 도피해 있는 선택을 할 수 있게 됩니다. 그래야 진정으로 자유롭고 편한 마음가짐으로 낯선 나라와 낯선 대학, 낯선 사람 가운데서 새로운 문화를 즐길 수 있는 것이죠.

물론 망설임 없이 해외로 지금이라도 박차고 떠날 수 있는 사람이라면 아무 상관이 없어요. 그러나 완전히 새로운 곳에서의 삶과 경험에 대한 갈증과 코끼리 발에 매여 있는 쇠사슬처럼 설명하기 힘든 두려움 사이에서 조금이라도 고민하는 사람이라면, 국내 MBA에 진학하는 목적 중 하나로 MBA 교환학생 프로그램을 진지하게 생각해볼 것을 추천합니다.

MBA 교환학생 프로그램의 장점과 혜택

지금까지 해외 생활 자체에 초점을 맞추어 이야기했지만, 세계 유수의 MBA를 상대적으로 쉽게 경험해볼 수 있다는 점에서도 매력이 큽니다. 우리나라에도 훌륭한 MBA 과정이 여럿 있지만, 세계 MBA 랭킹에서 최상위에 있는 MBA에서 제공하는 우수한 강의를 들으며, 각국에서 온 뛰어난 글로벌 인재들과 소통하는 기회는 정말 흔치 않으니까요.

그리고 이러한 MBA 과정에 진학하려고 하면 보통 국내 MBA 보다도 비싼, 매우 부담스러운 학비가 필요합니다. 하지만 교환 학생 프로그램을 통한다면 추가 강의료를 내지 않고 국내 MBA 학비로 다닐 수 있습니다. 또한 기숙사 등의 거주 혜택을 지원해 주는 MBA도 많은데, 생활비를 절약하는 것만이 아니라 낯선 타지에서 안전하고 편안한 거주지를 찾는 일의 어려움을 아는 사람이라면 이 혜택들이 얼마나 큰지 체감할 수 있을 겁니다.

지원 시 일정 수준의 어학 능력이 기본적으로 필요하지만, 그럼에도 현지에서 사는 것만큼 외국어를 학습하는 효과적인 방법은 없습니다. 이 점을 기대하고 교환학생을 준비하는 사람도 많을 정도니까요. 이 때문에 많은 지원자가 주로 영어권 국가의 MBA를 선호합니다. 그러나 영어권이 아니더라도 대부분 영어로 강의와 소통이 이루어지기 때문에, 영어에 노출되는 빈도는 높을 수밖에 없습니다. 이러한 점에서 경쟁률을 고려한다면 오히려 비영어권 국가의 MBA를 선택하는 것도 좋은 전략이 될 수 있습니다.

어떻게 준비해야 하나요?

교환학생 준비 및 지원 절차는 학부 때와 크게 다르지 않습니다. 파견 대학 MBA 명단을 확인하고, 원하는 곳을 골라 지원서와 어학 능력 증명서류를 제출하고, 인터뷰를 보고, 해당 MBA에서 최종 통보를 받는 구조입니다. 인터뷰는 주로 영어로 진행되니 준비해두면 좋겠죠?

어학 능력 요건을 살펴보면 학교마다 천차만별이에요. 아무것도 필요하지 않은 곳도 있고, 높은 점수의 TOEFL이나 GMAT 성적서를 요구하는 곳도 있으며, 학교를 통해 지원자의 언어 능력에 대한 레터(Letter)를 요구하는 곳도 있습니다. 국가와 지역마다 특성이 다르죠. 다음 표에 일부 MBA의 어학 요건 예시를 정리했으니 참조해보세요.

학교	Institution	Language requirement
북미 (미국, 캐나다)	Y대학교 Business School	TOEFL iBT 100
	D대학교 Business School	Students may provide scores from a recognized English test or a letter from their current school confirming both English proficiency for the MBA program and functioning on a day-to-day basis

더 늦기 전에 MBA 가면 어때요?

북미 (미국, 캐나다)	W대학교 Business School	N/A
	N대학교 Business School	we ask that the exchange coordinator include a note personally signing off on their English language fluency, but we do not require test scores to be submitted. Students must have completed one year of study at their home institution and all core courses before coming
중화권 (중국, 대만, 홍콩, 싱가 포르)	C대학교 Business School	usually uses GMAT scores to evaluate our candidates' English proficiency. 80% of MBA students have a total score of between 640 and 740 for the Quantitative and Verbal Sections. If student does not have the test score, we can also accept official confirmation of students' English proficiency
	S대학교 Business School	TOEFL iBT 79
	H대학교 Business School	N/A
	C대학교 Business School	quivalent to CEFR B2 level
	T대학교 Business School	IELTS 5.5 or TOEFL 80(iBT)
유럽	A대학교 Business School	N/A

유럽	H대학교 Business School	NOT needed, but we kindly ask your school to write a certificate of the selected student's language skills as the students need to upload a certificate in their online application. It is good to know that a good command of English is an essential study tool here, where small group work, oral presentations, written assignments, term papers and written exams are part of the teaching and learning
	M대학교 Business School	TOEFL iBT 80 but we don't need the official TOEFL-score, a letter from home university/language school is sufficient
	E대학교 Business School	aTOEFL IBT 95 / IELTS 6.5 / TOEIC 800-850

이렇듯 MBA 합격을 위한 지원 준비도 중요하지만, 그보다 더 큰 일은 장기간 마음 놓고 해외에서 지낼 수 있도록 국내의 일을 정리하는 것입니다. 국내 MBA에 입학하고자 하는 사람들이라면 대부분이 직장 생활을 병행 중인 사회인입니다. 아마 높은 확률로 기혼자이거나 적어도 결혼을 곧 앞두고 있을 (혹은 근시일 내 계획하고 있을) 수도 있겠죠. 나아가 아버지 또는 어머니로서 아직 독립하지 않는 나이의 자녀를 양육하고 있을 가능성도 크겠네요. 며칠, 길어야 두어 주 정도 되는 여행이 아니라 반년 전후의 시간 동안 다른 나라에서 살아보는 '기회'를 얻을 수 있는 사람은,

그리고 그러한 '결정'을 내릴 수 있는 사람은 전혀 많지 않습니다.

이런 이유로 현실적으로 MBA 교환학생에 지원할 수 있는 인원 자체가 적고, 따라서 앞에서 말했듯이 경쟁률이 생각보다 높지 않은 거예요. 다행히도(?) 여러 현실적 제약에서 자유로운 편이라면 미리 겁내지 말고 잘 준비해보세요. 충분히 합격할 수 있습니다. 또한 본인의 직장에서 운 좋게 사정을 봐주거나, 직장을 아예 옮길 각오를 한 사람들, 가족들로부터 양해와 지지를 얻을 수 있는 사람들 역시 내 인생의 마지막 교환학생이라고 생각하고 과감하게 준비해보길 바랍니다.

2년간 들었던 필수 과목을 위주로 한 개인별 수강 후기를 공개합니다. 'MBA에서 이런 것들을 배우는구나!'라는 감을 잡으시길 바라며.

CHAPTER 5

MBA에서는 뭘 배워요?

경영과학

경영과학은 계량적 요소를 고려하는 경영 문제에 대해 과학적 접근 방법을 사용해 의사결정을 지원하는 학문의 한 분야입니다(프레데릭 S 힐리에르·마크 S 힐리에르, 『경영과학(6판)』). 결정권자의 '느낌'이 아닌 '로직'에 의거해 최선의 선택을 할 수 있도록 연구하는 학문이라고 보면 될 것 같습니다. 구체적으로 우리가 매일 사용하는 엑셀에는 해찾기라는 무시무시한 기능을 배울 수 있습니다. 이를 통해 인력 배치나 스케줄링, 생산 관리 등 사례에 적용해 어떻게 최적의 솔루션을 도출할 수 있게 되죠. 아마 이런 기능이 있는 줄 모르셨던 분들은 꽤 놀라실 겁니다.

국승운 원우

경영 의사결정을 위한 수학적이고 과학적인 접근을 배웠습니다. 과정이 어려워 실습과제가 많았지만, 그런 과정을 수행하면서 엑셀을 통해 의사결정하는 방법을 익히게 되죠. 과정을 마치면서 가장 보람 있었던 과목이었습니다.

김준이 원우

난해한 경영상의 의사결정 문제를 과학적·수학적 접근으로 강력한 근거와 토대를 마련할 수 있음에 한 번 놀라고, 이를 엑셀이라는 신비로운 도구가 완벽하게 구현해 내는 것에 또한 번 감탄했습니다.

더 늦기 전에 MBA 가면 어때요?

김성식 원우 ~~~~~~~~~~~~~~~~~~~~~~~~~~~~~~~~~~~~~

의사결정도 과학적으로 할 수 있다! 수학을 어려워하는 분도 걱정하지 마세요. 계산은 엑셀이 해드립니다. 엑셀의 강력함을 다시 한번 깨달을 수 있는 과목이죠. 단순 함수를 배우는 과목은 절대 아니에요.

김태윤 원우 ~~~~~~~~~~~~~~~~~~~~~~~~~~~~~~~~~~~~~

기업 경영 의사결정을 엑셀을 이용해 수학적 산식으로 해를 도출해나가는 수업으로 엑셀 실력도 향상됩니다.

문은영 원우 ~~~~~~~~~~~~~~~~~~~~~~~~~~~~~~~~~~~~~

경영 결정문제에 대한 과학적인 해결법을 개발함과 동시에, 의사결정의 기술로서 수학적 수법을 적용해 문제에 대한 최적해를 도출해내는 결정 룰을 개발하려는 데 도움이 될 수 있는 엑셀 툴을 배울 수 있어 좋았어요.

김회택 원우 ~~~~~~~~~~~~~~~~~~~~~~~~~~~~~~~~~~~~~

통찰과 직관에, 과학과 수학을 더하고자 하는 분들에게는 필수입니다.

민복기 원우 ～～～～～～～～～～～～～～～～～～～～～～～

의사결정은 기업의 경영에도 쓰이지만, 우리의 일상생활에서 겪는 여러 가지 선택들도 포함하는데 그 선택지 가운데 가장 최적화된 선택을 하기 위해 여러 가지 식을 세우고 최선의 해를 구하는 과정을 엑셀의 해찾기 기능을 활용해 배우는 과목입니다. 즉 의사결정을 수리적인 모형을 통해 구하는 방법을 배우는 과목으로, 이는 기업을 운영해야 하거나 의사결정을 해야 하는 위치에 있다면 꼭 배워두면 좋은 과목이라고 생각해요.

배고은 원우 ～～～～～～～～～～～～～～～～～～～～～～～

엑셀을 다룬다는 거부감을 결과를 통해 해소해준 수업이에요. 제가 열 시간 일할 거리를 한 시간으로 줄여준 고마운 수업이기도 합니다.

주선하 원우 ～～～～～～～～～～～～～～～～～～～～～～～

해찾기! 엑셀을 활용해 수업이 속도감 있게 진행되며, 수업에서 배운 내용들이 각자의 업무에서 최적 의사결정을 하는 데 도움이 될 수 있을 것으로 보입니다.

더 늦기 전에 MBA 가면 어때요?

전선함 원우 〰〰〰〰〰〰〰〰〰〰〰〰〰〰〰〰〰〰〰〰

엑셀에 조건에 맞는 최적의 값을 찾아주는 해찾기라는 기능이 인상적이었고, 우리가 매일 활용하고 있는 길찾기 등의 기능이 내부에서 이러한 로직을 통해 구현된다는 사실이 흥미로웠습니다. 경영이라는 주관적일 수 있는 영역을 조금이나마 객관적인 영역으로 옮겨 휴먼 에러를 줄여보려는 노력이 느껴졌습니다.

경영전략

경영전략은 어떤 기업은 성공하고, 어떤 기업은 실패하는데 그 차이가 '왜' 발생하는 것인지를 연구하는 과목입니다. 차이를 발생시키는 요소에는 기업을 둘러싼 산업 구조부터 시작해서 개별 기업의 경쟁우위 등 셀 수 없이 수많은 요소가 있겠죠.

실제 수업에서는 가치기반 경영전략(value-based business strategy)을 기본적인 도구로 학습하고 관련 시뮬레이션 게임을 수행하는 방식으로 공부했던 기억이 나네요. 아, 그리고 부교재로 사용되었던 『룬샷』도 매우 기억에 남습니다. #룬샷 #상전이

국승운 원우

WTP를 극대화하고 가짜실패를 피하기 위한 방법론 및 의사결정 틀을 정교화하는 방안을 학습하였습니다. 더불어 사피 바칼의 『룬샷』을 통해 경쟁우위를 달성하기 위한 전략경영의 최신 트렌드를 배울 수 있었어요.

김준이 원우

회사의 value creation 프로세스를 학습하고 다양한 비즈니스 사례들을 통해 전략수립 과정을 간접 경험해볼 수 있는 좋은 기회였습니다.

더 늦기 전에 MBA 가면 어때요?

김성식 원우 ~~~~~~

마이클 포터의 경영전략을 토대로 진화하는 학문입니다. 다만 전략이라는 것이 워낙 개념적이고 또 케이스별 다양한 방법이 있을 수 있기 때문에 '이것이 정답입니다!' 하고 말하기는 어려울 수 있습니다.

문은영 원우 ~~~~~~

기업의 수익성 강화를 위한 전략을 세우고 세부 방안들을 만들어 가는 수업입니다.

배고은 원우 ~~~~~~

한 학기가 지나고 남는 단어는 'Value Creation'이었어요. 경영전략의 전통적인 분석도구인 가치사슬을 중심으로 CEO로서의 최적의 결과를 도출할 수 있는 생각의 틀을 심어주는 과목이라고 생각합니다.

김회택 원우 ~~~~~~

2020년 올해의 책『룬샷』, 물리학자가 다루는 경영전략!

주선하 원우

『룬샷』과 상전이에 대해 아주 깊이 있게 고찰해볼 수 있었습니다.

전선함 원우

소비자가 느끼는 '효용'이나 '사중손실'과 같은 개념 등을 통해 가치기반 경영전략이라는 개념이 경제학을 바탕으로 나온 개념임을 알 수 있었습니다. 수업계획서를 통해 협력 게임이론을 바탕으로 한다는 사실을 알 수 있었네요. 경제학과 출신으로서 경제학과 경영학이 별개가 아닌 서로를 보완해줄 수 있는 개념이라는 생각을 해볼 수 있던 수업이었습니다.

경영통계학

통계학을 간단히 표현하자면 '데이터로부터 정보를 얻는 하나의 방법론' 입니다(제랄드 켈러, 『켈러의 경영경제통계학(11판)』). 사실 통계학이라고 하면 딱히 부연 설명이 필요 없기도 하죠. 고등학교 시절 배웠던 확률과 통계에서 조금 더 나가서 회귀분석까지 배운다고 생각하시면 적절할 것 같네요. 각종 기술의 발전으로 인해 빅데이터가 출현했고, 이에 따른 데이터의 분석이 매우 중요해졌습니다. 동시에 이러한 분석의 기반이 되는 통계 역시 인기가 상승하고 있는데요. 이번 기회에 통계를 배워두는 것도 최근 트렌드에 한 발 걸칠 기회가 되지 않을까 싶습니다.

국승운 원우

통계의 기본적인 개념을 실습을 통해 습득하게 되고 평균, 분산, 회귀분석 등을 통해 통계적인 판단 능력을 키울 수 있습니다. 솔버(Solver)를 이용한 통계적인 문제들을 해결해가는 과정을 지나고 나니 조원들과의 소통과 유대가 더욱 깊어졌어요.

김준이 원우

'통계학은 데이터로부터 정보를 얻는 하나의 방법론이다.' 데이터를 통계학을 통해 더욱 의미 있는 정보로 읽어내는 방법을 배울 수 있습니다. 허나… 역시 통계는 어렵습니다.

김성식 원우 ~~~~~~~~~~~~~~~~~~~~~~~~~~~~~~~~~~

빅데이터라는 개념이 유행하는 요즘, 결국 데이터에서 필요한 것은 통계적으로 얻습니다. 통계를 통해 다양한 데이터에서 인사이트를 얻어봐요!

민복기 원우 ~~~~~~~~~~~~~~~~~~~~~~~~~~~~~~~~~~

처음에는 다시 학부 때로 돌아간 것처럼 어렵게만 느껴졌던 과목이었으나 교수님께서 알아들을 수 있게 쉽게 풀어서 설명을 해주셔서 들으면 들을수록 회사 실무에서 활용해보고 싶다는 욕구를 불러일으킨 과목이었습니다

배고은 원우 ~~~~~~~~~~~~~~~~~~~~~~~~~~~~~~~~~~

통계학이 주는 다양한 인사이트를 얻어봐요. 단, 데이터를 분석하고 그 안에서 인사이트를 찾아내는 과정이 저에게는 순탄치 않았습니다….

김태윤 원우 ~~~~~~~~~~~~~~~~~~~~~~~~~~~~~~~~~~

기초 통계학부터 응용까지 통계학을 이해하고 사례에 적용해나가는 데 유익한 수업입니다.

문은영 원우

추론 통계에 대한 간략한 소개와 함께 숫자 데이터를 샘플링, 분류, 분석 및 표시하는 통계적 방법의 기초를 배웠어요.

주선하 원우

학부 시절 고난을 안겨준 통계학입문의 추억을 떠올리게 해준 수업이네요. 통계학은 여전히 어려웠지만, 교수님의 친절한 강의를 통해 통계학에 대한 이해의 기초를 쌓을 수 있었습니다.

전선함 원우

고등학교 졸업 이후 본 적 없던 통계가 낯설기도 했지만, 통계가 각광받는 시대인 만큼 최선을 다했습니다…만 쉽지 않네요. 일정 개수 이상의 샘플링이 되면 모집단의 신뢰도가 확보된다는 이론 하나로 실무에서 아는 척을 굉장히 여러 번 하며 잘 써먹을 수 있었어요. 통계 수업에 대비해 본인이 속한 조에 과연 누가 이과인지 빠른 탐색을 추천드립니다!

김회택 원우

통계의 함정에 빠지지 않고 통계를 유용하게 다룰 줄 알며, 통계를 통해 세상과 진실을 바라보는 혜안을 가져보세요!

관리회계

관리회계는 '기업의 내부 경영자의 의사결정에 필요한 유용한 정보를 제공하기 위한 수단'입니다(손성규·이호영, 『IFRS하에서의 경영의사결정과 회계원리(14판)』). 재무회계와 달리 기업 내부에서 활용하는 정보라고 보시면 되는데요. 제품의 원가 혹은 수익성의 계산하고 이렇게 만들어진 정보를 기업의 의사결정에 적용할 수 있도록 학습합니다.

교수님마다 수업의 포인트는 달랐는데요. 저희는 회계 분개 과정에 집중하기보다는 원가가 어떤 방식으로 계산되는지에 대해 살펴보고 이에 대한 의사결정 및 이의 평가 과정에 좀 더 집중해서 중간 관리자 육성이라는 MBA의 목적에 좀 더 집중했던 시간이었습니다.

> **국승운 원우**
>
> 재무회계와 관리회계의 구분되는 목적을 명확하게 알고, 임직원들의 직무가 세분화되어 관리회계에 제대로 반영될 때 수익성 정보 및 성과평가 정보도 정확하게 산출할 수 있다는 것을 배웠습니다.

> **주선하 원우**
>
> 관리회계에 대한 개념을 다질 수 있는 수업이었어요.

김준이 원우 ～～～～～～～～～～～～～～～～～～～～～～～

관리회계는 '어느 제품(서비스)이 얼마의 이익(손실)을 내는지?' '어느 조직이 얼마의 이익(손실)을 내는지?' '어느 거래처가 얼마의 이익(손실)을 내는지?'에 대한 기본적인 질문에 대한 내부정보 이용자들을 위한 정보를 마련하고 경영자가 올바른 계획과 통제를 할 수 있게 합니다.

김성식 원우 ～～～～～～～～～～～～～～～～～～～～～～～

고정비와 변동비가 무엇인지 이해한다면, 이 과목의 절반 이상을 이해한 것이라 볼 수 있습니다. 실제 기업 내부적으로 관리하는 회계에 대해 상세히 알 수 있어요.

전선함 원우 ～～～～～～～～～～～～～～～～～～～～～～～

이론적인 측면에서 KPI라는 요소의 설정을 통해 생각 이상으로 전체 회사의 방향을 통제할 수 있음을 느낄 수 있었습니다. 더불어 몇몇 인터뷰 등을 통해 실무에서는 꼭 이론적인 설계대로 흘러가지 않는다는 사실도 간접 경험해볼 수 있었습니다.

문은영 원우 ～～～～～～～～～～～～～～～～～～～～～～～～～～

원가 및 수익성 정보와 성과평가 정보를 직접 산출할 수 있는
능력과, 산출된 관리회계 정보가 기업의 의사결정에 어떻게
활용될 수 있는지 배울 수 있어서 좋았어요.

민복기 원우 ～～～～～～～～～～～～～～～～～～～～～～～～～～

기업의 회계가 단순히 기업의 경영성적과 기말의 재정상태
를 계산·감사·보고하는 절차에 그치지 않고, 기업 내부적으
로 조직의 경영자가 경영을 위해 의사결정을 내리는 데 필요
한 내부 보고를 위한 회계가 있다는 것을 배울 수 있었습니
다. 을 배우는 과목으로, 이는 기업을 운영해야 하거나 의사
결정을 해야 하는 위치에 있다면 꼭 배워두면 좋은 과목이라
고 생각해요.

배고은 원우 ～～～～～～～～～～～～～～～～～～～～～～～～～～

기업 관리적 관점(원가·KPI 등)에서 회계가 어떻게 사용되는지
흐름을 짚어주어 회계임에도 불구하고 기업경영이론을 배운
것 같았습니다.

더 늦기 전에 MBA 가면 어때요?

김태윤 원우

관리회계 기초 수업으로 기업의 의사결정을 위해 경영자에게 필요한 회계를 배울 수 있습니다.

김회택 원우

관리회계의 도움 없이는 기업은 측정할 수 없습니다. 측정할 수 없는 것은 관리할 수 없습니다.

글로벌 경영전략

글로벌 경영전략을 통해 국내에서의 기업 활동과 해외에서의 기업 활동이 다른지, 다르다면 뭐 때문인지, 그럼 그걸 해결하기 위해서는 어떻게 해야 하는지에 대해 배울 수 있습니다. 모든 기업이 당면한 상황이 다르므로 특정 이론에 대해 학습하는 방식의 수업보다는 각종 성공 사례와 실패 사례를 바탕으로 분석하는 방식의 수업이 이루어졌습니다. 이를 통해 문제가 발생했을 때 어떤 방식의 사고가 필요한지를 배울 수 있는 시간이었습니다.

국승운 원우

글로벌 경영환경 변화에 따른 경영전략, 해외시장 선택 및 진입 전략, 글로벌 회사의 전략적 제휴 및 인수합병에 대한 여러 가지 케이스를 배우고 토론합니다.

민복기 원우

글로벌 시장 진출을 위한 시장 선택부터 진입 시기, 경쟁전략 수립, 진입 시장의 환경분석, 경쟁전략 수립, 글로벌 경영패러다임 전환, 4차 산업혁명의 영향 및 대응 전략 등 글로벌 시장 진출 및 전략에 대해 다양한 실제 케이스 사례와 관점을 통해 학습했습니다.

더 늦기 전에 MBA 가면 어때요?

김성식 원우 ~~~~~~~~~~~~~~~~~~~~~~~~~~~~~~

글로벌 기업들이 어떻게 각 나라별 환경에 맞춰 시장진입을 성공적으로 진행했는지 알 수 있습니다. 다만 한 가지 아쉬운 점은 공유해주신 사례들이 좀 오래된 것들이 많았어요.

김태윤 원우 ~~~~~~~~~~~~~~~~~~~~~~~~~~~~~~

기업가 입장에서 글로벌 환경에서 기업의 전략을 만들어가는 수업으로 전략적 의사결정을 만들어가는 과정이 흥미로웠습니다

문은영 원우 ~~~~~~~~~~~~~~~~~~~~~~~~~~~~~~

글로벌 경영자로서 필요한 자질을 여러 가지 케이스를 통해 전략 수립과 실행하는 방법을 익힐 수 있어 좋았어요.

배고은 원우 ~~~~~~~~~~~~~~~~~~~~~~~~~~~~~~

내수기업에서 근무하는 제가 글로벌 시장에서 인사이트를 얻을 줄은 몰랐어요. 경영전략의 개념들을 중심으로 이론과 실무를 함께 배울 수 있습니다.

김준이 원우 ～～～～～～～～～～～～～～～～～～～～～

글로벌 기업 경영에 대한 인사이트를 쌓을 수 있습니다. 다만, 아직 저 스스로 실무적으로 활용하기에는 너무 머나먼 이야기….

주선하 원우 ～～～～～～～～～～～～～～～～～～～～～

조별 토론과 과제를 통해 글로벌 기업들의 경영 사례를 다양하게 접할 수 있었습니다.

전선함 원우 ～～～～～～～～～～～～～～～～～～～～～

다양한 사례를 통해 글로벌 시장으로의 진출이 얼마나 어려운지 새삼 깨달을 수 있었습니다. 기술의 발달로 인해 글로벌 시장 진출이 용이해지고 있다고 생각했었는데요. 사례들을 보니 오히려 과거에는 해외 특정 지역의 기업과 경쟁에서 이길 가능성이 있다면 해외 진출이 가능했다고 하면, 최근에는 오히려 어디로 진출하건 전 세계와 경쟁해서 이길 수 있어야 해외 진출이 가능한 게 아닌가 싶은 생각이 들었습니다.

김회택 원우 ～～～～～～～～～～～～～～～～～～～～～

언제까지 글로벌하지 않고 버틸 수 있나 봅시다.

더 늦기 전에 MBA 가면 어때요?

기업경제학

경제학은 '사회가 희소자원을 어떻게 관리하는지 연구하는 학문'입니다 (그레고리 맨큐, 『맨큐의 핵심경제학(8판)』). 희소자원의 관리에 대해 수요와 공급 원칙을 바탕으로 접근해가는 과정이라고 볼 수 있을 것 같습니다. 구체적으로 기업이 제품 가격을 결정하는 의사결정에 대해 미시적 분석을, 그리고 금리·물가·통화량·재정정책 등의 기업의 외부환경에 대한 거시적 분석에 대해 배울 수 있었습니다.

국승운 원우

전공필수 과목으로 시장에서의 가격결정에 대해 미시적으로 분석하고, 통화량, 재정정책 등의 거시경제 요인들이 기업에 미치는 영향을 배우게 됩니다. 경영학의 기본이 되는 수업이었어요.

민복기 원우

경제학은 실물 경제가 계속해서 변화하고 매우 유동적이라 개인적으로 사실 정답이 없다고 생각하고 있었으나, 최근 MZ세대들이 가장 관심이 높은 부동산 시장을 정부의 개입과 반대 등으로 이해하기 쉽게 풀어서 설명을 해주셔서 수강 후 한껏 경제에 대한 눈을 뜰 수 있었습니다.

김성식 원우 ～～～～～～～～～～～～～～～～～～～～～～～～～

경제학의 가장 기본이 되는 수요, 공급 법칙으로 시작해서 기업 활동과 연계되어 있는 미시, 거시적 사례 등을 토론하고 되짚어 보게 됩니다. 물론 교과서는 경제학의 바이블-멘큐의 경제학이죠!

김태윤 원우 ～～～～～～～～～～～～～～～～～～～～～～～～～

거시, 미시경제학 핵심 기초 이론을 배울 수 있습니다.

문은영 원우 ～～～～～～～～～～～～～～～～～～～～～～～～～

기업이 생산한 제품이 시장에서 어떻게 가격이 결정되는지를 미시적으로 분석하고 기업의 활동과 연관이 있는 국내총생산, 경기, 금리, 물가, 통화량, 재정정책과 통화정책 등 기업의 거시적 외부 경영 환경에 대한 이해를 높일 수 있어 좋았어요.

주선하 원우 ～～～～～～～～～～～～～～～～～～～～～～～～～

경제학 기본서인 『맨큐의 경제학』을 바탕으로 미시·거시경제학에 대한 기본 개념을 쌓을 수 있습니다.

더 늦기 전에 MBA 가면 어때요?

김준이 원우 ～～～～～～～～～～～～～～～～～～～～～

경제학에 대한 이론적 지식확장을 통해 실무에 어떻게 적용·
활용해볼 수 있을지 고민해보게 합니다. 경제 전반에 대한 시
야 확장에 도움이 됐어요.

배고은 원우 ～～～～～～～～～～～～～～～～～～～～～

경제학에 대한 기초학습이 전혀 안 되어 있는 전형적인 인문
학도가 경제에 대해 심봉사가 눈을 뜨듯 경제에 눈을 뜰 수 있
게 해줍니다.

전선함 원우 ～～～～～～～～～～～～～～～～～～～～～

학부 시절 공부했던 『맨큐의 경제학』을 다시 보니 반갑기도
했고, 코로나 시국의 여러 변화에 대해 경제학 관점으로 분석
해보는 작업이 흥미로웠습니다.

김회택 원우 ～～～～～～～～～～～～～～～～～～～～～

이 시대를 사는 경제인(經濟人)으로서, 경제의 기초 메커니즘
을 이해하고 경제학적으로 사고하는 것은 선택이 아니라 필
수입니다.

기업윤리와 사회적 책임

기업의 사회적 책임(이하 CSR)이란 '기업이 생산 및 영업 활동을 하면서 환경경영, 윤리경영, 사회 공헌과 노동자를 비롯한 지역사회 등 사회 전체에 이익을 동시에 추구하며, 그에 따라 의사결정 및 활동을 하는 것'을 말합니다. 최근 들어 점점 더 중요해지는 분야라고 할 수 있죠.

수업계획서를 찾아보면 기업에 요구되는 윤리 의식과 더불어 각종 부정의 사례들을 살펴보고 기업에 이러한 윤리 의식이 더욱더 강조되고 있는 이유에 대해 생각해보는 것을 목적으로 하고 있습니다.

사실 CSR이라는 것이 단기적으로는 기업의 이익과 상충하는 경우가 많다 보니 아무래도 일반적으로는 대기업이 아닌 이상 크게 적극적인 분야는 아니라고 생각되는데요. 각종 사례와 더불어 최근 이슈가 되는 ESG 개념까지 학습해보면서 이런 인식을 개선해볼 기회가 아닐까 생각이 드네요.

민복기 원우

최근 핫이슈가 되고 있고 글로벌 기업이라면 필수적으로 갖추어야 할 ESG에 대해 배우고, 실제 글로벌 톱 기업들의 ESG(친환경·사회적 책임·지배구조 투명성) 지수는 어떤지 분석하고, 그렇다면 글로벌 기업들과 우리가 앞으로 추구하고 나아가야 할 방향과 그것들이 미치는 사회적 영향과 관계, 책임에 대해 알 수 있습니다.

더 늦기 전에 MBA 가면 어때요?

김성식 원우 ~~~~~~

'이 나이에 무슨 도덕 수업을?'이라고 하면 오산일 수도 있겠습니다. 실제 기업윤리와 사회적 책임 의식이 없었던 많은 경영자가 안 좋았던 사례들을 통해 잘못된 기업가 마인드가 아닌 건전한 기업가 마인드가 무엇인지 다시 한번 되돌아보게 해주거든요.

김준이 원우 ~~~~~~

윤리경영을 통해 사회적인 책임을 다하는 회사에 눈이 가게 됐습니다. 제가 다니는 회사는 어떠한가를 발표를 통해 더욱 구체적으로 알게 되어 개인적으로는 회사에 대한 로열티가 급상승하는 계기가 되기도 했고요.

김태윤 원우 ~~~~~~

기업의 윤리경영과 사회적 책임에 대해 원우들끼리 토론해나가는 수업으로 각자의 생각을 편하게 공유할 수 있습니다.

김회택 원우 ~~~~~~

당신의 직장은 윤리적인가? 비윤리적인가? 당신은 아무래도 상관없는가?

문은영 원우 〰〰〰〰〰〰〰〰〰〰〰〰〰〰〰〰〰〰〰〰

창의적인 사고와 문제해결 능력을 배양하기 위해 토론 형식의 강의를 진행하며, 윤리경영 및 사회적 책임 사례 분석을 통해 체험적이고 폭넓은 학습을 하도록 도와줘요.

국승운 원우 〰〰〰〰〰〰〰〰〰〰〰〰〰〰〰〰〰〰〰〰

기업이 올바른 판단을 하기 위해 윤리적 추론을 해야 하는데, 그 배경이 되는 철학적 이론과 현대사회에서 요구되는 윤리적 가치를 배웠습니다. 팀별 토론을 통해 타 회사의 CSV, CSR, ESG 경영에 대해 논의하기도 했죠. 타 회사의 ESG 경영에 대해 들을 수 있는 유익한 수업이었어요.

배고은 원우 〰〰〰〰〰〰〰〰〰〰〰〰〰〰〰〰〰〰〰〰

EGS가 사회적인 화두로 떠오르고 있는 이때, 이 개념을 가장 명확하게 알려줄 수 있는 과목입니다.

주선하 원우 〰〰〰〰〰〰〰〰〰〰〰〰〰〰〰〰〰〰〰〰

개인별 사례 발표를 준비하고 다른 원우들의 발표를 들으며 기업들의 다양한 윤리경영과 사회적 책임 사례를 접할 수 있었어요.

더 늦기 전에 MBA 가면 어때요?

전선함 원우 〰〰〰〰〰〰〰〰〰〰〰〰〰〰〰〰〰〰〰

최근 유행하는 ESG와 연관되어 회사가 돈만 벌면 된다는 방식의 사고방식은 더 이상 지속될 수 없음을 인지할 수 있었습니다.

마케팅 관리

마케팅 관리란 '기업의 마케팅 활동을 관리하는 것으로서, 이의 목적은 여건으로서 주어져 있는 마케팅 환경에 수단으로서의 마케팅 활동이 창조적으로 적응되어 마케팅 목표, 나아가서는 기업 목표의 합리적 달성으로 기업 이익이 증진되도록 하려는 데 있다.'라고 합니다.

수업계획서를 통해 좀 더 세부적으로 살펴보면 우선 마케팅이란 것이 기업 활동에 어떤 역할을 하고, 얼마나 중요한지에 대해 학습합니다. 그 외에 기본적인 개념 등에 대해 학습하고 이를 마케팅 문제에 적용하고 분석해보는 방식으로 진행됩니다.

아무래도 마케팅 자체가 비용에 대한 효과를 수치로 환산할 수 없는 활동이다 보니 중간 관리자를 육성함에 있어 이러한 중요성을 다시금 일깨워주려는 목적은 아닌가 생각해봅니다.

김성식 원우

교수님의 수업도 재미있지만, 다양한 분야에 근무하는 사람들이 살아 있는 사례들을 발표하고 토론하는 게 매우 재미있었습니다. 마케팅에 정답은 없겠지만, 잘되는 마케팅은 뭔가가 다르더군요. 그 뭔가를 발견하기 위해 정말 큰 노력이 필요함을 알 수 있었어요.

더 늦기 전에 MBA 가면 어때요?

국승운 원우

마케팅 원리를 배우고 HBR에 대해 상황분석 및 그에 따른 마케팅 전략을 세워보게 됩니다. 더불어 제품 수명 주기, 손익분기점 계산 방법을 익히고 경쟁제품 대비 구별되는 가치 있는 위치를 포지셔닝하기 위한 핵심 가치를 마케팅 차원에서 고민하는 시간이었어요.

김준이 원우

마케팅의 A to Z까지, 마케팅 보고서를 쓰는 기본적인 로직을 체계적으로 배울 수 있습니다.

김태윤 원우

기업 마케팅의 실제 사례를 적용해 현재 이 시대에서 어떻게 마케팅 활동을 해나가는 것이 효율적인가에 대해 배우게 됩니다.

주선하 원우

STP, 4P 등 마케팅의 기본 개념에 대해 배울 수 있고, 다양한 논문과 사례 분석, 원우들의 발표를 통해 마케팅이라는 학문에 대한 이해도를 높일 수 있었습니다.

문은영 원우 〰〰〰〰〰〰〰〰〰〰〰〰〰〰〰〰〰〰〰〰〰〰〰

마케팅 상황이나 기회를 분석하고, 시장 전략을 수립하고, 마케팅 계획을 수립하고 실행하는 과정을 연습하고 이를 실제 이슈에 적용해볼 수 있어서 좋았어요.

민복기 원우 〰〰〰〰〰〰〰〰〰〰〰〰〰〰〰〰〰〰〰〰〰〰〰

STP, 4P, 3C 등 다양한 마케팅 전략 기법을 배우고, 가상 사례에 실제 적용해봄으로써 실제 기업의 실무에서도 폭넓게 활용할 수 있는 알찬 내용의 과목입니다.

배고은 원우 〰〰〰〰〰〰〰〰〰〰〰〰〰〰〰〰〰〰〰〰〰〰〰

마케팅이라는 단어는 한없이 추상적으로 표현할 수 있음에도 불구하고, 그 안에서 성과평가 등의 수치적인 부분과 기초와 이론부터 뼈대를 잡아주는 느낌이었어요.

전선함 원우 〰〰〰〰〰〰〰〰〰〰〰〰〰〰〰〰〰〰〰〰〰〰〰

마케팅 문외한으로서 마케팅이 이렇게 광범위한 내용을 다룬다는 사실이 새롭게 다가오면서 마케팅이라는 업무가 새롭게 다가왔습니다.

김회택 원우 ～～～～～～～～～～～～～～～～～～～～～～～～～

자기 마케팅 시대!

생산 및 운영 관리

생산 관리는 '재화나 용역의 생산 면에서 생산 공정 및 사업 운영의 재설계를 설계하고 통제하는 것과 관련된 경영의 한 분야며 필요 시 자원을 덜 사용하면서 고객의 요건을 충족하는 효율성 면에서 사업 운영의 효율성을 보장하는 책임이 수반된다.'라고 합니다. 운영 관리는 아무래도 운영이라는 것 자체가 일반적인 개념이다 보니 별도의 검색은 되지 않네요.

일단 생산 관리는 SCM(Supply Chain Management)의 개념에서 접근하고 있는데요. SCM이란 '부품 제공업자로부터 생산자, 배포자, 고객에 이르는 물류의 흐름을 하나의 가치사슬 관점에서 파악하고 필요한 정보가 원활히 흐르도록 지원하는 시스템'을 의미합니다. 운영 관리는 고객 만족을 위해 어떻게 기업의 경쟁우위를 유지해나갈 것인가에 대한 관리라고 볼 수 있습니다. 결국 수업의 목적은 공급망의 관리를 통해 기업의 경쟁우위를 확보하는 방안에 대한 이해라고 보시면 될 것 같아요.

수업은 사례 분석을 중점으로 이루어졌습니다. 타 MBA에서 활용되는 케이스 스터디 자료들을 활용해 조별 발표 준비가 선행되었고, 발표 및 해당 내용에 대해 교수님께서 정리해주시는 방식으로 진행되었습니다.

> **김회택 원우**
>
> 제조업종에 국한된 이야기가 아닙니다. 모든 기업은 본질적으로 무언가를 생산해야 하니까요.

더 늦기 전에 MBA 가면 어때요?

국승운 원우

기업의 생산운영 전략에 대한 기초 지식을 쌓고 다양한 기업의 성공사례를 연구합니다. 제조업체로 이직을 생각해봤던 경험이 있기에 서플라이 체인 관리에 관한 이론적인 경험이 흥미로웠어요.

문은영 원우

기업이 조직의 경계를 넘어서 원재료, 생산, 물류, 유통의 공급망 전 과정에 참여한 파트너 기업들과의 협업을 통해서 공급망 전체의 경쟁우위를 창출할 방안을 논의하고 케이스 스터디함으로써 기업의 전략적 방향을 결정할 때 도움이 되는 내용을 배울 수 있어서 좋았어요.

민복기 원우

우리가 평소 잘 알고 있는 글로벌 기업들의 실제 생산 및 운영관리 케이스 사례의 학습을 통해, 각 기업만이 가진 시스템 및 체제, 노하우가 실제 제품 개발 및 생산, 양산, 품질, 서비스 등에 어떠한 영향을 미쳤고, 그러한 활동들이 글로벌 경쟁시장에서 어떠한 경쟁우위를 가지게 됨으로써 글로벌 톱 기업으로 성장할 수 있었는지 알 수 있었습니다.

김태윤 원우

기업의 효율적인 물류·생산·유통 방식의 개선에 중점을 두고 현재 사회의 기업 이슈와 접목해 수업을 진행했기에 보다 쉽게 이해할 수 있었습니다.

김준이 원우

HBR 논문들에 있는 다양한 기업 경영사례들을 매주 분석하고 발표함으로써 기업경쟁력 강화를 위한 오퍼레이션의 역할이 얼마나 중요한지 배울 수 있습니다.

김성식 원우

실제 본인이 하는 일들이 직접 수업 사례 등으로 많이 나와서 상대적으로 이해하기 쉬우며, 또 재미있었어요. 흔하게 접할 수 있는 도요타의 사례를 통해 기존에 알지 못했던 새로운 인사이트를 얻을 수 있어서 업무에서도 큰 도움이 되었습니다.

배고은 원우

생산 및 운영 관리가 실제 기업에 미치는 영향을 사례 중심으로 설명해 재고 관리와 생산수요 예측의 중요성을 깨달았어요.

더 늦기 전에 MBA 가면 어때요?

주선하 원우 ～～～～～～～～～～～～～～～～～～～～～～～～～～～～～

유관부서에서 일하지 않는 원우라도 이 수업을 통해 오퍼레이션 매니지먼트가 회사를 경영하는 데 얼마나 중요한지 깨달을 수 있습니다.

전선함 원우 ～～～～～～～～～～～～～～～～～～～～～～～～～～～～～

기업들의 생산 전략에 대해 수량, 품질 등 요소별로 특화된 다양한 케이스를 공부함으로써 전략의 승패에 따른 영향에 대해 살펴보았습니다. 개인적으로 반도체 시장에 관한 내용이 가장 기억에 남네요. 사례 분석에 가장 많은 시간을 투입했던 수업이다 보니 수업을 종강해도 '여러 기업의 사례를 주기적으로 분석해보면 도움이 되지 않을까?'라는 꿈을 잠시 가져보았습니다.

재무관리

재무관리는 '기업의 자금조달과 이의 사용 및 금융 전반에 관련된 지식을 다루는 분야'입니다(김창수, 『EVA 중심의 재무관리(2판)』). 따라서 재무관리의 목표는 낮은 자본비용으로 자금을 조달하고 수익성이 높은 투자를 통해 기업의 가치를 극대화시키는 것에 있습니다.

이를 위해 화폐의 시간가치, 주식의 평가, 채권의 평가, 자본예산, 자본비용, 최적 자본구조 등에 대해 배우게 되는데요. 재무관리는 경영학도들 사이에서도 소위 경영학과 끝판왕이라고 불릴 정도로 어려운 과목입니다. 다만 어려운 만큼 이해하는 과정이 뿌듯했던 과목이었어요. 포기하지 말고 끝까지 학습하시길 추천하지만, 학점을 고려하신다면 그 시간에 다른 과목에 좀 더 투자하는 게 유리할 수도 있습니다.

국승운 원우

재무제표의 이해를 바탕으로 화폐의 시간가치, 채권 및 주식의 평가와 기업의 경제적 부가가치를 극대화하기 위한 최적 자본구조에 대한 지식을 배웠습니다.

김회택 원우

재무를 모르면 숫자에 속게 됩니다.

더 늦기 전에 MBA 가면 어때요?

김준이 원우

다양한 업종과 분야에서 근무하는 원우들의 인사이트가 반영된 기업사례 분석 발표를 통해 숨은 진주와 기업들을 발견하게 되고 자연스레 주식 투자에 큰 관심을 가지게 됩니다.

주선하 원우

재무관리의 기본 개념을 익힐 수 있습니다. 1학기 관리회계에 이어 많은 계산 문제를 풀고 공부해야 하는 어려움을 안겨준 수업이었지만 시험을 치르고 나서 보람을 느낄 수 있었어요.

전선함 원우

어느 단원에서나 반복되는 현재가치의 개념에 대해 확실하게 학습할 수 있었습니다. 개인적으로 기억에 남는 내용은 최적 자본구조에 대한 것이었는데요. 단순히 부채의 비율에 따라 좋고 나쁨을 구별하는 것이 아니라 기업이 가지는 고유의 조건에 따라 그 비율이 달라질 수 있다는 점이 새롭게 다가왔습니다.

문은영 원우 ∼∼∼∼∼∼∼∼∼∼∼∼∼∼∼∼∼∼∼∼∼∼∼∼∼∼∼∼∼∼∼

기업의 목표, 대리인 문제, 재무제표의 이해, 비율분석, 화폐의 시간가치, 주식의 평가, 채권의 평가, 자본예산, 자본비용, 최적자본구조, 경제적 부가가치 등을 재무적 관점에서 배울 수 있어서 좋았어요.

민복기 원우 ∼∼∼∼∼∼∼∼∼∼∼∼∼∼∼∼∼∼∼∼∼∼∼∼∼∼∼∼∼∼∼

재무관리 과목을 수강하고 나면 기업과 세상이 어떻게 돌아가는지 그동안 알지 못했던 새로운 시야가 생기게 됩니다. 예를 들어 기업이 부채가 많다고 다 부정적인 것은 아니라든지, 기업 자신들의 가치를 높이기 위해서 재무를 어떤 방식으로 관리하는지, 기업들은 다양한 재무적 리스크를 어떤 식으로 헷지하는지 등에 대해서 말이죠.

배고은 원우 ∼∼∼∼∼∼∼∼∼∼∼∼∼∼∼∼∼∼∼∼∼∼∼∼∼∼∼∼∼∼∼

모든 기업의 재무 활동을 수치화하고 이를 통해 의사결정을 내릴 수 있도록 해주는 과정이었으며 이를 업으로 하는 사람들을 존경하게 만들어주었어요.

김성식 원우

공부하는 데 가장 시간을 많이 할애했지만, 가장 학점 따기가 어려웠던 과목이네요. 그러나 남는 것도 많아 비전공자에겐 정말 새로우면서 경영에 꼭 필요한 과목이라고 생각해요.

김태윤 원우

대학교 학부 수준의 경제학과 재무관리 수업으로 교수님께서 여러 원우에게 많은 질문이 던져졌습니다. 그로 인해 수업 참여도가 자연스럽게 올라간 것은 덤입니다.

재무회계

재무회계는 '회계학의 한 분야로 기업의 재무상태와 경영실적 정보 등을 측정해 주주, 채권자, 정부 등과 같은 기업의 외부 이해관계자들에게 재무 정보를 제공하기 위한 과정'입니다. 수업계획서를 살펴보면 일단 재무제표의 작성보다는 이용자를 중점으로 하지만 이용을 위해서는 작성을 위한 기초 지식이 필수적이므로 기본적인 이론을 학습하는 강의라고 볼 수 있겠습니다. 실제로도 발생한 사건들을 바탕으로 손으로 직접 재무제표를 만들어보는 데 중점을 두었던 수업입니다.

국승운 원우

재무회계의 기초를 튼튼하게 해줘요. 재무회계와 기업회계기준에 대해 배우고 회계감사가 왜 필요한지 시사적인 회계 이슈를 통해 함께 고민했습니다. 과제도 많고 시험도 많았으나 그만큼 얻는 게 많았어요. 경영, 회계를 전공하지 않은 제가 MBA 과정을 순탄하게 다닐 수 있도록 도와준 효자 과목이죠.

김준이 원우

회계는 수업을 들을 때마다 첫 수업인 것 같이 따라가기가 힘들었습니다. 어떻게 학점을 받았는지, 이것은 기적입니다!

김성식 원우 ~~~~~~

대변 차변, Balance Sheet. 짧은 시간에 다양한 개념을 배워요. 주식투자를 하는 당신이라면 이 정도 표는 상식으로 알아두면 좋을 중요 과목입니다.

김태윤 원우 ~~~~~~

회계를 처음 접하는 원우들도 회계의 기초를 보다 쉽게 알아갈 수 있습니다.

문은영 원우 ~~~~~~

재무회계가 실무에 적용되는 시사적인 이슈에 대해 공부할 수 있어 좋았어요.

배고은 원우 ~~~~~~

업무를 하면서 회계를 접할 일이 있을지에 대해 생각하며 배웠지만, 막상 차변과 대변이 맞아떨어졌을 때의 희열이란!

민복기 원우

재무회계 특히 숫자에 무지한 1인으로써, 강의를 들으면 들을수록 어렵고 복잡미묘한 기분이 들었지만, 마지막까지 포기하지 않고 열심히 예·복습을 했더니 조금(?)은 이해할 수 있었기에, 개인적으로는 매우 감사했습니다.

주선하 원우

회계라는 학문에 첫발을 내디딜 수 있게 해준 수업입니다. 회계를 전혀 배워보지 못한 입장에서 수업을 따라가고 시험을 준비하는 데 어려움이 있었지만, 시험을 무사히 마친 뒤 보람과 뿌듯함을 느낄 수 있었어요.

전선함 원우

재무팀 소속인 관계로 당연히 새롭지는 않았습니다. 새로웠으면 큰일 났겠죠. 그래도 기본으로 돌아가서 개념을 정리하고, 직접 손으로 재무제표를 만들어보는 과정이 의미 있었던 것 같아요. 중간고사에서 여러 거래를 바탕으로 각각의 분개를 작성하고 그걸 모아서 재무상태표를 만들었는데 부채+자본이 자산과 달랐을 때의 패닉과, 시험 시간이 5분 남았는데 다시 계산해서 맞췄을 때의 희열을 잊을 수가 없네요.

더 늦기 전에 MBA 가면 어때요?

김회택 원우 ～～～～～～～～～～～～～～～～～～～～～～～～～～～～～～

MBA 2년간 듣게 될 여러 재무 및 회계 강좌의 시작이자 기초입니다.

정보시스템과 가치 창조

IT(Information Technology)의 발전으로 인해 기업은 이를 통해 기존에 수행하던 업무를 효율화하고 이를 넘어 새로운 가치를 창조하고자 노력하고 있습니다. 이러한 흐름에 발맞추어 4차 산업혁명을 유도한 IT기술에 대해 알아보고 기업들이 IT기술을 활용한 사례들을 살펴볼 기회라는 생각이 드네요.

각종 기술에 대한 공학적인 면을 살펴보는 것이 아니므로 부담 없이 최신 기술들에 대해 훑어볼 수 있는 자리입니다. 수업을 통해 우리 회사에 적용할 수 있는 게 있을지 찾아보는 것도 좋은 포인트가 될 것 같네요.

국승운 원우

4차 산업혁명 시대에 경영자가 반드시 알아야 할 영역인 정보시스템(ICT)에 대한 기본적인 지식을 습득하며 상위 레벨의 관리자가 되어 유용하게 사용 가능한 여러 가지 인사이트를 얻을 수 있습니다.

김준이 원우

비즈니스 모델의 트렌드 변화를 다양한 사례들을 통해 학습해볼 수 있어요.

더 늦기 전에 MBA 가면 어때요?

김성식 원우

최근 기업경영에 큰 화두인 디지털 트랜스포메이션 등 IT가 기업에 접목되어 어떤 변화 및 가치를 줄 수 있는지 배울 수 있습니다.

김태윤 원우

경영전략에 있어 정보시스템 관점에서 의사결정을 해나가는 수업입니다. 정보기술과의 융합이 신선하게 다가왔어요.

문은영 원우

경영정보시스템의 기본 개념과 프레임워크에 대해 배우게 되고, 여러 가지 새로운 제품, 생산방식, 조직구조, 경쟁전략을 정보기술과 결합해 의사결정하는 방법을 케이스를 통해서 배울 수 있어서 좋았어요.

김회택 원우

경영은 결국 정보와 지식의 창출과 공유, 확대의 선순환 흐름을 통해 가치를 만들어내는 과정 그 자체입니다

배고은 원우 〰〰〰〰〰〰〰〰〰〰〰〰〰〰〰〰〰〰〰〰〰〰〰〰〰

3D프린터, AI 등 기술들을 어떻게 경영에 접목시키냐는 관점에서 시작해 기술발전과 이로 인해 파생된 경영 흐름의 변화의 역사를 알 수 있습니다.

주선하 원우 〰〰〰〰〰〰〰〰〰〰〰〰〰〰〰〰〰〰〰〰〰〰〰〰〰

문과에게는 다소 생소한 개념이 다수 등장하나 그만큼 지식의 지평을 넓힐 수 있었습니다.

전선함 원우 〰〰〰〰〰〰〰〰〰〰〰〰〰〰〰〰〰〰〰〰〰〰〰〰〰

회사에서 기존에 하던 작업에 RPA를 적용하면서 매달 한 번씩 하루 종일 작업하던 업무 하나를 없앴던 경험이 있습니다. 적용하는 과정 자체는 담당자와 커뮤니케이션하면서 '이렇게 만들 거면 그냥 만들고 말겠다!'라는 생각을 했던 적도 있지만, 막상 완성되고 나니 그렇게 편할 수가 없었어요. 수업을 듣는 내내 다양한 기술에 대해 들으면서 언제고 내가 하는 업무에 접목시킬 수 있는 기술을 없을까 집중하며 즐겁게 들었습니다.

조직 행동론

경영학도라면 너무나 친숙한 과목인 조직 행동론입니다(물론 심리학이나 행정학 전공도 조금씩 이름은 다를 수 있지만 마찬가지입니다). 대부분의 MBA 과정에서 초기에 이수하게 되는 필수과목이라는 점 역시 경영학과 학부 출신인 분들에게는 익숙할 테죠. 똑같은 강의, 똑같은 과제, 똑같은 발표. 말만 들어도 따분한가요? 그렇다면 간과하고 있는 한 가지 사실이 있습니다. 과목은 그때와 비슷할지 몰라도, 당신은 그때의 당신이 아니라는 점입니다.

대학교, 학과, 동아리 00학번 홍길동 학생은 이제 O회사, □본부, △△팀 홍길동 과장이 되었습니다. 그때가 그냥 커피였다면, 지금은 티오피…의 쓴맛이 아니라 '조직의 쓴맛'을 알아버린 당신. '권력'과 '정치' 챕터 강의를 듣던 중, 마치 어제저녁 회식 자리에서 부문장님의 일장 연설을 경청하려 했으나 끝내 기억의 끈을 놓아버린 당신의 모습을 관찰한 듯한 수업 내용에 깜짝 놀라 자세를 고쳐 앉게 될 겁니다. 머리가 아니라 몸으로 공감하는 과목. 조직 행동론 in MBA입니다.

국승운 원우

조직관리 및 인사관리에 대한 인사이트를 얻을 수 있습니다. 다양한 관리 상황에서의 적절한 조치가 무엇인지 사례를 통해 배우고 조직원들이 왜 그렇게 행동하는지에 대한 고민을 통해 좋은 관리자로의 성장을 도와주기도 하죠. 특히 조직 변경에 따른 기업의 성패 사례를 배우면서 제가 속한 조직을 어떻게 바꿀 것인지 고민하는 시간이었습니다.

김준이 원우 〰〰〰〰〰〰〰〰〰〰〰〰〰〰〰〰〰〰〰〰〰〰〰

조직에서 발생했던 다양한 갈등(conflict)들을 이론적인 배경을 통해 다시 한번 되돌아보고, 과연 올바른 해결책이 무엇이었을까 다시 한번 생각하게 합니다. 회사의 hat을 쓰고 조직을 바라보는 시야가 확장되는 경험을 했어요.

김성식 원우 〰〰〰〰〰〰〰〰〰〰〰〰〰〰〰〰〰〰〰〰〰〰〰〰〰〰

MBA에 입학하는 원우라면 크고 작은 조직을 한번쯤은 리드해볼 기회가 생길 거예요. 여러모로 조직을 운영할 때 큰 도움이 될 겁니다.

김태윤 원우 〰〰〰〰〰〰〰〰〰〰〰〰〰〰〰〰〰〰〰〰〰〰〰〰〰〰

여러 기업의 실제 사례를 들어 수업이 진행되어 보다 쉽게 이해할 수 있었습니다.

문은영 원우 〰〰〰〰〰〰〰〰〰〰〰〰〰〰〰〰〰〰〰〰〰〰〰〰〰〰

자기 인식을 높이고 조직의 행동을 분석을 능숙하게 처리하는 데 도움을 주는 여러 케이스를 다뤄서 좋았어요

민복기 원우

기업과 조직의 성격·특성·문화 등은 끊임없이 변화하고 있고, 과거의 조직·현재의 조직·미래에 다가올 조직의 관점에서 생각하고 비교함으로써, 앞으로 우리가 바꿔야 할 조직의 혁신은 무엇이고, 그러기 위해서 꼭 필요한 것들은 어떤 것들이 있는지 다시금 고민할 수 있게끔 했던 뜻깊은 시간이었습니다. 을 배우는 과목으로, 이는 기업을 운영해야 하거나 의사결정을 해야 하는 위치에 있다면 꼭 배워두면 좋은 과목이라고 생각해요.

배고은 원우

제일 기억에 남는 단어는 '임파워먼트'입니다. 조직을 움직이는 것은 단순히 좋은 고과와 임금이 아닐 수도 있다는 점!

김회택 원우

두 명 이상이 되는 그 순간부터, 조직행동론은 유효합니다. 우리는 누구나 조직에 속해 있어요.

주선하 원우 ∼∼∼∼∼∼∼∼∼∼∼∼∼∼∼∼∼∼∼∼∼∼∼∼∼

사회 생활을 하며 회사 내·외부에서 만난 다양한 유형의 사람들에 대한 이해도를 높일 수 있었고, 스스로 리더로 성장하는 데 있어 부족한 부분이 무엇인지 통찰해볼 기회를 제공해주었습니다. 팀장급 이상 원우들이 들으면 조직 관리에 도움이 될 것이라고 판단됩니다.

전선함 원우 ∼∼∼∼∼∼∼∼∼∼∼∼∼∼∼∼∼∼∼∼∼∼∼∼∼

조직이라는 곳에 소속되어 일해본 경험이 없는 상황에 들었다면 굉장히 추상적일 것 같았어요. 다행히도(?) 실제 조직에 소속되어 업무를 진행하는 입장에서 듣다 보니 과거에 발생했던 이런저런 사건들이 떠오르며 이론에 적용해보며 들을 수 있었습니다.

게임이론적 사고

게임이론적 사고는 다양한 게임적 상황(Game situation)을 의사결정 메커니즘의 차이점과 참가자들 간 공유되어 있는 정보의 차이점들을 기준으로 분류 및 모형화하고, 참가자 개개인의 이익을 극대화하는 여러 전략을 공부하는 과목입니다.

게임적 상황이란 개별 의사결정 주체 간의 이해관계가 독립적이지 않고 상호 연관되어 있으며, 이 사실을 각 주체들이 인식하고 있는 상황을 뜻합니다. 여기까지 이해했다면 비즈니스를 비롯한 현실에서의 대부분의 의사결정 환경이 이에 해당됨을 유추할 수 있을 텐데요. 그렇다면 나아가 그 어느 때보다도 경쟁적이고 상호의존적이며 복잡성과 불확실성이 극대화된 현대 비즈니스 세계, 특히 코로나19로 인해 세상이 바뀌고 있는 이 시점에서 가장 주목받는 학문 중 하나라는 것도 동의하실 수밖에 없을 겁니다.

비즈니스 상황을 넘어 다양한 현실에서의 응용도 강의 속에서 동등한 비중을 차지합니다. 정책, 외교, 경제 등 거시적 환경뿐만 아니라 스포츠, 도박, 데이트, 결혼 등 일상생활에서 마주하게 되는 다양한 예시를 접하면서, 게임이론적 사고의 유용함을 배워 가시길.

> **김준이 원우**
>
> 수강 이후 실생활에서 자꾸 상대방의 반응을 미리 고려해보고 행동하려는 다소 변화된 내 모습에 어색함을 느끼게 되네요.

민복기 원우

서로의 이해관계와 목표가 다른 두 상대방이 제각기 상대의 행동과 의사결정을 추측해가면서 자신에게 가장 유리한 최적해(의사결정)를 만들어가는 과정을 학습합니다. 그리고 기업이 커다란 사회적 책임 또는 윤리적 문제에 처하게 될 경우, 사고를 당한 기업이 취해야 할 최적 전략을 택하기 위해 게임이론으로 적용 가능성을 배우기도 했습니다.

배고은 원우

조금 더 나은 선택을 하기 위해 합리적인 의사결정을 도출해 나가는 과정을 배우는 학문입니다. 경제학이 재미있는 원우들에게 특히 강력 추천합니다.

전선함 원우

내가 아는 것을 네가 안다는 것을 내가 아는 것을 네가 알기 때문에…와 같이 게임이론의 방식으로 생각하는 방법을 배울 수 있었습니다. 아무래도 대화를 하면서 한 번 더 생각하게 되는 때가 많아지는 것도 같아요.

더 늦기 전에 MBA 가면 어때요?

광고론

기업의 통합적 마케팅 커뮤니케이션(IMC; Integrated Marketing Communication), 그중에서도 특히 광고(Advertising)에 대해 다루는 과목입니다. 마케팅 믹스 4P 중 Promotion에 대해 집중적으로 배운다고 생각하시면 됩니다. MBA에서 다루는 광고론인 만큼 언론·신문방송학이나 광고홍보학과의 그것과는 초점이 다름을 미리 인지할 필요는 있습니다.

다양한 이론과 사례를 바탕으로 기업의 전체 마케팅 프로세스 속에서 광고를 통한 마케팅 전략의 구현 양상을 연구하고, 나아가 잠재고객에게 기업이 어떻게 효과적으로 다가갈 수 있을 것인지를 고민하는 것이 이 수업의 기본 목적이라고 할 수 있습니다.

또한 수업 과정에서 광고 외에도 여타의 마케팅 커뮤니케이션인 PR, 판매촉진, 세일즈, 온·오프라인 마케팅 등에 대해서도 직간접적으로 학습하고 이해할 수 있다는 점을 꼭 덧붙이고 싶습니다. 과목의 이름만 보고 '나는 광고 분야에 크게 관심이 없으니까.'라는 이유로 들여다보지 않는 우(愚)를 범하지 않기를 바랍니다. 넘쳐나는 광고 속에서 광고 피로와 불신까지 팽배해 있는 최근이지만, 그것이 광고에 대해서 배우지 않아야 할 이유가 될 수는 없습니다. 오히려 반대입니다. 광고의 시대라고 하죠. 오늘날 광고는 원하든 원하지 않든 당신을 둘러싼 사회를 이해하는 가장 중요한 창구 중 하나이며, 현대 커뮤니케이션 분야의 정수라고 할 수 있습니다.

김준이 원우

미디어 환경의 변화 속에서 광고 마케팅의 새로운 패러다임을 배우고 이해하는 데 큰 도움이 됩니다. 다양해진 광고 채널에서 기업 또는 브랜드가 시행하는 마케팅 활동들을 하나의 목소리로 통합하는 IMC(통합적마케팅커뮤니케이션)의 중요성과 그 역할을 배울 수 있습니다.

배고은 원우

전통적인 4대 매체와 더불어 소셜채널의 변화에 대해 심도 있게 사례 중심으로 다뤄준 마케터에게 필수로 추천합니다. 단, 과목명이 재미있어 보인다고 선택한 원우들은 매우 힘든 시간을 보내기도 했죠

주선하 원우

1학년 2학기 전공필수로 들었던 마케팅 관리 수업에서 한 단계 더 나아가, 마케팅 전략 수립 후 광고로 집행되는 프로세스에 대해 배울 수 있었습니다.

글로벌 마케팅

글로벌 마케팅에 대한 다양한 이론과 사례들을 연구하고 분석해보는 과목입니다. (교수님마다 다르겠지만) 해외시장 진출 팀 프로젝트가 이 수업의 특징인데요. 그 과정에서 해외 국가와 시장 및 소비자의 특성 분석, 해외 진출 사업 계획 및 목표 수립 등 관련 부문에서 종사하고 있는 분이라면 마치 일하고 있는 것처럼 느껴질 만큼 실용적인 수업이라고 할 수 있겠습니다. 특히 최초로 국내를 벗어나 해외로 눈을 돌리는 프로젝트를 하는 분들, 그리고 생소한 국가의 시장에 새로이 진입해야 하는 숙제를 가진 분들이라면 아마 온갖 사례와 결과에 대한 궁금증으로 수업을 마칠 때마다 교수님을 찾아가게 될 겁니다.

> **민복기 원우**
>
> 우리가 보유하고 있는 제품으로 타깃팅한 국가에 성공적으로 진출해 사업목표를 달성하기 위해 어떤 사전준비를 해야 하고, 어떤 타이밍에 어떤 활동들을 전개해나가야 하는지 마케팅개념과 이론, 관점을 기반으로, 다양한 마케팅적 기법을 적용해 글로벌 진출 계획과 목표 달성 전략을 수립하는 등 글로벌 시대에 딱 맞아 매우 흥미로웠습니다.

김준이 원우 ⁓⁓⁓⁓⁓⁓⁓⁓⁓⁓⁓⁓⁓⁓⁓⁓⁓⁓⁓⁓⁓⁓⁓⁓⁓⁓⁓

여러 해외 진출 기업들의 성공 실패 사례들을 배워보고 스스로 해외 진출 사업계획서를 작성해볼 수 있습니다.

김태윤 원우 ⁓⁓⁓⁓⁓⁓⁓⁓⁓⁓⁓⁓⁓⁓⁓⁓⁓⁓⁓⁓⁓⁓⁓⁓⁓⁓⁓

글로벌 경영전략과 비슷한 수업으로 글로벌 환경에서 효율적인 마케팅을 위한 방법을 알아가게 됩니다.

문은영 원우 ⁓⁓⁓⁓⁓⁓⁓⁓⁓⁓⁓⁓⁓⁓⁓⁓⁓⁓⁓⁓⁓⁓⁓⁓⁓⁓⁓

경영 결정문제에 대한 과학적인 해결법을 개발함과 동시에, 의사결정의 기술로서 수학적 수법을 적용해 문제에 대한 최적해를 도출해내는 결정 룰을 개발하려는 데 도움이 될 수 있는 엑셀 툴을 배울 수 있어 좋았어요.

배고은 원우 ⁓⁓⁓⁓⁓⁓⁓⁓⁓⁓⁓⁓⁓⁓⁓⁓⁓⁓⁓⁓⁓⁓⁓⁓⁓⁓⁓

글로벌 시장에 진출하기 위한 비즈니스 전략을 기초로 세우고, 이를 바탕으로 다양한 마케팅 전략을 힘 있는 수묵화처럼 표현한 과목입니다.

주선하 원우

조별로 글로벌 해외 진출 프로젝트를 준비하며 다양한 국가들의 시장 특수성에 대해 배울 수 있고, 다양한 브랜드의 글로벌 마케팅 전략에 대해 접할 수 있었습니다.

전선함 원우

중국 비즈니스에 대한 가능성에 대해 엿볼 수 있었으며, 동시에 수많은 실패 사례들을 통해 글로벌 경영전략에서 배우듯이 국내의 사례만으로 해외에 진출한다는 것이 얼마나 위험을 동반하는 것인지 생각해볼 수 있었습니다.

불확실성과 최적의사결정

경영과학의 업그레이드 심화 버전입니다. 경영과학이 해찾기를 통해 어떤 방식으로 계량적 요소에 의한 의사결정이 가능한지를 보여줬다면, 불확실성과 최적의사결정에서는 한 단계 나아가 그러한 이론적 배경을 바탕으로 데이터와 확률에 기반한 과학적 의사결정 방법들에 대해 배우게 됩니다.

국승운 원우

Forecasting, Decision Theory, Game Theory 등 계량적 분석을 통한 최적의사결정에 대해 배웠습니다. Decision Tree를 이용해 비용과 관련된 Payoff를 계산하고 Optimal Solution의 해를 찾는 과정이 흥미로웠어요.

김성식 원우

경영과학에 흥미를 느낀 분께 강력 추천할 수 있으며 좀 더 디테일한 사례를 연구할 수 있습니다.

더 늦기 전에 MBA 가면 어때요?

김태윤 원우 ～～～～～～～～～～～～～～～～～～～～～～～～～～～

기업의 의사결정을 위해 엑셀의 산식을 활용해서 해를 도출해나가는 수업이에요. 엑셀 실력도 향상되겠죠?

문은영 원우 ～～～～～～～～～～～～～～～～～～～～～～～～～～～

의사결정에 필요한 정량 분석(quantitative analysis)을 엑셀을 이용해 문제를 풀어나가는 과정을 배울 수 있어서 좋았어요.

민복기 원우 ～～～～～～～～～～～～～～～～～～～～～～～～～～～

실무자의 의사결정은 대부분 확실성 하의 전형적인 의사결정인 반면, 경영진들의 의사결정은 불확실성하의 비전형적인 의사결정이라 그만큼 리스크도 크다는 것을 다시 한번 느꼈습니다. 을 배우는 과목으로, 이는 기업을 운영해야 하거나 의사결정을 해야 하는 위치에 있다면 꼭 배워두면 좋은 과목이라고 생각해요.

비즈니스게임을 이용한 의사결정

특정 학문 분야에 대한 이론 습득보다 실용성에 초점을 둔 시뮬레이션과, 적극적인 상호 소통을 기반으로 진행된다는 면에서 MBA 과정 고유의 특성을 잘 드러내는 대표적인 과목입니다. 과목의 첫 번째 특징, 현실적입니다. 강의에서 사용되는 소프트웨어는 기업 현장에서 교육 목적으로도 이용된다고 합니다. 그만큼 기업에서 실제 비즈니스 성과와 의사결정 간의 유기적 관계를 구체적으로 구현하고 있기 때문에, 보다 깊게 공감하고 참여할 수 있습니다.

두 번째, 팀플레이입니다. 경영학 수업에서 팀플레이의 악명은 널리 알려져 있지만, 이 과목은 조금 다릅니다. 조원 파트 배분부터 스트레스를 유발하는 여느 조별 과제와 달리, 시작부터 5인 1조가 되어 CEO, CMO 등 역할을 맡은 뒤 비즈니스 게임 안에서 회사를 운영하며 조별 경쟁을 벌입니다. 각자 명확한 R&R을 정하고 시작하기 때문에 소모적인 에너지와 시간 낭비가 없이 빠르게 몰입할 수 있습니다. 주기적으로 순위를 공개하기 때문에, 팀 간 경쟁심을 부추기고 소속감까지 들게 합니다. 이 수업의 목적 자체가 팀워크를 전제로 한 의사결정 훈련임을 여실히 느끼게 될 겁니다.

마지막, 무엇보다도 재미있습니다. 높은 몰입도, 조직의 최상위 의사결정 방식을 간접적으로 경험해볼 수 있다는 고양감, 승패가 갈리는 스포츠에서 체험할 수 있는 특유의 스릴이 존재합니다.

조직경영과 리더십의 요체(要諦)는 의사결정(Decision-making)이라는 말이 있습니다. 구성원의 수만큼 존재하는 각양각색의 의견들을 종합해 결론을 내려야 하는, 비즈니스 현장의 집단 의사결정(Group decision making)

더 늦기 전에 MBA 가면 어때요?

을 다루는 이 과목은 수많은 강의 중 MBA 과정의 존재 의의를 가장 명확히 드러낸다고 할 수 있습니다.

국승운 원우

전략 시뮬레이션 게임을 활용한 경영 의사결정에 따른 회사의 성장 과정을 경험할 수 있습니다. 특히 팀 활동으로 이뤄지는 치열한 논의를 통한 의사결정과, 같은 시장에서 경쟁하는 타 팀과의 경영성과 순위 평가가 있어 짜릿한 스릴을 느낄 수 있고, 동료들과의 팀워크가 크게 향상됩니다.

김준이 원우

한 기업의 CEO가 겪게 되는 다양한 의사결정 과정을 간접 경험해봄으로써 회사 운영에서 CEO(decision maker)가 얼마나 중요한 역할과 책임을 갖는지 알게 됩니다.

김태윤 원우

비지니스게임 의사결정을 위한 프로그램 플랫폼을 이용한 수업으로 조원들과 협력을 통해 자율적인 의사결정을 해나가는 시간이 즐겁습니다.

문은영 원우

비즈니스게임 소프트웨어를 사용해서 실제 의사결정을 하면서 적용하는 기회를 얻게 되어 좋았어요.

민복기 원우

실제 팀을 나누어 소프트웨어 툴로 만들어진 비즈니스게임을 하게 되는데 실제 기업경영에서 충분히 있을 법한 의사결정이라 더 흥미롭고 유익했습니다. 특히 경영진의 의사결정이 얼마나 중요한지, 신중한 의사결정을 하기 위해서는 어떻게 해야 하는지 학습하고 고민할 수 있었던 좋은 시간이었어요.

배고은 원우

글로벌 회사를 가상으로 설립하고, 주요 의사결정자가 되어 회사의 핵심 전략(마케팅·재무·생산운영·인사 등)을 직접 실행해 보며 경쟁사와의 의사결정 결과에 따른 성과를 바로 알 수 있는 수업입니다. 마케터로서의 눈만 가진 저에게 경영자로서의 시각을 체험하게 해줘 시야를 넓혀줬어요.

주선하 원우 ～～～～～～～～～～～～～～～～～～～～～～～～

매 라운드 등수가 발표되면서 순위를 높이기 위한 경쟁이 치열해지며, 많은 변수를 조정하고 결괏값을 보면서 기업 운영에 대한 거시적인 안목을 갖출 수 있게 됩니다. 어떻게 순위를 높일 수 있을지 고민하는 과정에서 자발적으로 자료를 조사하고 공부하며 즐거움과 배움을 얻을 수 있었어요.

전선함 원우 ～～～～～～～～～～～～～～～～～～～～～～～～

텍스트만으로 구현되는 비즈니스 게임 툴이지만 엄청나게 몰입해서 즐길 수 있었습니다. 그 과정에서 각 부문의 장들이 얼마나 많은 요소를 고려해 결정을 내리는지, 그 결정들을 취합해 회사의 방향을 결정하는 CEO 역시 얼마나 수많은 요소를 고려하는지, CEO의 결정이 회사에 얼마나 큰 영향을 미치는지 체감할 수 있었습니다.

김회택 원우 ～～～～～～～～～～～～～～～～～～～～～～～～

게임화가 왜 고몰입을 유도하는지 이해할 수 있는 경험을 제공합니다

협상론

협상론은 경영리더가 맞닥뜨릴 수밖에 없는 도전적 상황인 사업적 결정의 순간(The Deal Point)에 필요한 경영역량을 준비하기 위한 과목입니다. 그만큼 앞으로 조직의 리더가 되거나 이미 리더인 경영자, 관리자에게 특히 중요한 과목이기도 합니다.

그러나 다른 측면에서 생각해보면, 협상은 오롯이 조직의 경영자나 관리자에게만 일어나는 것이 아닙니다. 사실 모든 일상 속에서 협상은 존재하죠. 협상론을 다룬 교양서적 『어떻게 원하는 것을 얻는가』가 2017년 국내에 처음 출판되어 베스트셀러가 된 뒤 5년이 지난 지금까지도 스테디셀러로 인기를 얻고 있다는 사실은, 정말 많은 사람이 협상의 중요성을 알고 있으며 협상을 승리로 이끌려는 방법을 갈구하고 있다는 방증입니다.

연세대학교 MBA 전체 과정에서 원우들 사이에서 명강의로 알려진 수업 중 하나이기도 했습니다. 매 학기 많은 원우가 이 과목이 개설되기만을 기다리며, 수강 신청에 울고 웃었던 기억이 나네요.

김성식 원우

짧은 수업, 긴 여운. 단 4일이 짧은 수업 시간 동안 4년에 걸친 협상을 끝낸 느낌이 드네요. 교수님이 정년 은퇴하셔서 매우 아쉽지만 그런 교수님의 명강의를 이어주실 새로운 교수님이 또 나타나길 바라봅니다. 단, 수업이 짧은 만큼 사전에 읽어야 할 아티클도 많았습니다.

더 늦기 전에 MBA 가면 어때요?

주선하 원우 ～～～～～～～～～～～～～～～～～～～～～～～～～

명강의라는 소문에는 다 이유가 있었어요. 교수님의 내공과 통찰력이 돋보였습니다. 실제 케이스를 기반으로 만들어진 다양한 협상에 참여하면서 협상에서 발생하는 문제점이 무엇이고 성공적인 협상을 위해 무엇이 중요한지 체득할 수 있었습니다. 협상 종료 후 이어지는 교수님의 강의를 통해 무릎을 치는 아하 모먼트도 느낄 수 있었죠.

FILM AND AD MAKING CAMP

아마 연세대 MBA 과정에만 있는 독특한 강의가 아닐까 싶네요. 계절학기마다 이틀에 걸쳐 진행되는 필름 메이킹 강의입니다. 각 조에 특정 컨셉을 부여하고, 그 컨셉에 따른 광고영상을 제작해봅니다. 영상을 제작하기 위한 기획부터 시작해서 연기, 촬영, 편집까지 하나의 광고가 제작되기 위해 어떤 과정이 필요한지를 짧은 시간에 찐하게 체험해볼 수 있는 시간입니다. 팀원들의 '발연기'에 손발이 오그라들다가도 완성된 결과물을 다 함께 감상하며 느껴지는 감동은 아직도 생생하네요.

> **국승운 원우**
>
> 광고론으로 저명하신 장대련 교수님(컬럼비아대학 재직)과 함께 연세대 광고영상 제작 및 복불복 제품의 광고영상을 제작하는 과정으로 창의적인 아이디어와 팀워크가 필요합니다. 배우, 감독, 카메라맨 등 여러 가지 역할을 나누어 원우들끼리 맡아 재미있죠. 열정과 애정으로 완성한 광고 작품을 상영할 때 가슴 울컥한 감동이 밀려왔어요.

> **김준이 원우**
>
> 영상제작 전 과정에 직접 참여해봅니다. 단기간에 완성된 팀별 고퀄리티 영상 결과물을 함께 보면서 즐거운 감동을 함께 나눌 수 있습니다.

더 늦기 전에 MBA 가면 어때요?

책 집필이 끝났다는 것에 대한, MBA를 드디어 졸업
한다는 것에 대한 후련함을 담은 이야기를 끝으로 슬
슬 마무리를 지어볼까요.

CHAPTER 6

이제 MBA를
마무리합니다

국승운 · swkook@shinhan.com

Q 졸업 후 계획은요?

분석적이고 전략적인 리더가 되고 싶습니다. 디지털 정보기술과 글로벌 경영전략을 앞세워 해외 채널 개발에 더욱 매진해볼 계획입니다. 이미 포화 상태에 있는 국내의 금융산업은 글로벌 진출을 통한 성장에 공을 들이고 있습니다. 다양한 산업군에 있는 원우들과 함께 글로벌 밸류체인을 구축해 해외시장을 함께 공략하고 싶습니다. 제 옆에 있는 엄청난 능력을 지닌 사람들과 함께라면 어떤 사업을 해도 성공시킬 확신이 있기에 10대처럼 '창업', '성공'이란 막연한 꿈을 꾸기도 합니다.

Q 마지막 한마디!

100세 시대, 지금이 바로 2년을 투자할 때입니다. 지금 이 시간 같이해서 즐거웠고 함께해서 의미 있는 소중한 인연을 갖게 되어 행운이었습니다. 여러분들도 그 행운을 누리세요.

더 늦기 전에 MBA 가면 어때요?

김준이 jun.i.kim@merck.com

Q 졸업 후 계획은요?

우선 다시 본업으로 돌아가 학업을 병행하면서 생긴 부족했던 부분들을 좀 더 채우기 위해 노력하려고 합니다. MBA를 졸업했다고 해서 당장 제 커리어가 바뀔 거라고 생각하지는 않아요. 하지만 2년간 습득한 유용한 지식을 협업에서 잘 녹여내어 시도하고 적용해보고자 노력한다면 분명 예전보다 좀 더 성장한 자신을 발견할 수 있으리라 확신합니다.

마지막으로 어떻게 하면 MBA에서의 가장 큰 선물인 사람들과의 인연을 계속 이어나갈 수 있을지 계속 고민할 것 같습니다. 졸업하고 난 후의 관계는 길어도 1년이라는데, 10년 아니 그 이상 평생의 인연으로 만들고 싶어요.

Q 마지막 한마디!

MBA에서 회사에서 만들기 힘든 진짜 친구를 만들어보아요. 오래오래 나와 함께할 친구 말이에요.

김성식 nick@gscaltex.com ─────────────────

Q 졸업 후 계획은요?

입학한 때 면접 질문에서두 단골로 나오던 질문인데, 답을 하기는 쉽지 않네요. MBA를 오게 된 큰 이유 중에 하나도 급변하는 에너지 업계에서, 새로운 돌파구나 답을 찾고 그걸 통해 업계를 리드해나갈 수 있는 사람이 되고 싶었던 것이었어요. 학교에 와서 더욱 많은 정보를 접하고, 더욱 생각이 많아질수록, 그동안 고민해왔던 문제를 풀기까지 고민이 점점 커지는 듯합니다. 하지만 2년여간의 다양한 경험이 내 생각의 깊이나 문제해결 능력에 큰 자양분이 되었음은 의심의 여지가 없어요. 주변 사람들로부터 "이 사람이 한 일이면 틀림없어." "저런 사람과 함께 일하고 싶다."라는 신뢰감을 줄 수 있는 사람으로 성장하고 싶습니다.

Q 마지막 한마디!

여행은 친밀감을 만드는 최고의 기회입니다. 동기들과 떠나세요. 어디든지!

294   더 늦기 전에 MBA 가면 어때요?

김태윤 kty0527@nhqv.com

Q 졸업 후 계획은요?

현재 증권사에서 PB로 근무 중이지만 학위를 취득해 기업금융 분야 업무에 도전하고 싶습니다. 경영학 수업을 통해 배운 전문 지식을 바탕으로 기업금융 분야에서 새로운 비즈니스 모델을 창출하고 싶기도 하고요. 다양한 분야에 종사하고 있는 원우들과 인적 네트워크를 형성, 정보 교류를 통해 시장을 다각화된 시각에서 파악하고 새로운 비즈니스 기회를 모색해나가면서 차별화된 새로운 비즈니스 모델을 창출하는 데 기여할 것입니다.

Q 마지막 한마디!

학업은 2년, 우정은 20년 지기, 우리 인연은 200년.

Q 졸업 후 계획은요?

MBA 과정을 밟는 와중에 직무도 바뀌고 승진도 하는 등 많은 이벤트를 거쳤습니다. 그동안 새로운 것을 배우는 데 많은 에너지를 쏟았다면, 당분간은 그동안 배운 내용을 어떻게 업무에 녹여낼지 고민하면서 그동안 소홀했던 부분에 좀 더 관심을 가지는 시간을 보내보려고 합니다.

Q 마지막 한마디!

설렘으로 시작해 아쉬움으로 끝날 MBA 생활에서 동기들과 함께 꿈의 날개를 펼치시길 바랍니다.

❓ 졸업 후 계획은요?

MBA 석사 학위를 취득하기 위해 지원하는 사람마다 다양한 이유가 있을 수 있으나, 제게는 MBA를 지원하고 석사학위를 취득하는 과정도 중장기적 목표를 달성하기 위한 중간 계획입니다. 저는 졸업 후 당분간 현업 실무에 모든 것을 집중해 쏟아 내고자 합니다. 2년 동안 MBA에서 쌓은 전문 지식을 최대한 효율적으로 현업에 바로 적용하고 새로운 비즈니스 기회를 창출해 실질적인 성과로 연결시키고 싶어요. 이전과는 전혀 다른 새롭고 차별화된 시각으로 시장을 바라보고, 특화된 전략과 전술로 해외시장을 다시 한번 점검하고 공략해나가고자 합니다. 이를 토대로 다시 한번 해외법인장 자격으로 파견되는 것이 1차 목표이자 계획이며, 장기적으로는 글로벌 전문가로 성장하고자 합니다.

MBA 과정 수료를 통해 전문경영 지식과 인문학적 소양을 기르고, 인적 네트워크를 구축해, 글로벌 시장환경에 적절히 대응해나갈 수 있는 핵심역량을 겸비하고 발휘해 나가고 싶습니다.

❓ 마지막 한마디!

그대를~ 사랑합니다~

Q 졸업 후 계획은요?

현재 하는 업무가 소셜채널 운영이다 보니 '기업 브랜딩'에 포커스가 맞춰져 있는데, MBA 심화전공을 '마케팅'으로 하고 있는 만큼 지금의 업무 경험에 마케팅 관련 지식을 더하려고 합니다. 향후 마케팅팀에서 '삼성생명의 통합마케팅 전략'을 수립하고 실행할 수 있는 인재가 되고 싶습니다. 지금은 그 목표를 위해 열심히 기초를 다지는 중이에요.

그리고 개인적으로 공부를 계속 이어나갈 예정입니다. 학교 수업과 과제를 하느라 소홀히 했던 영어 공부도 하고, 금융 관련 자격증도 취득하고 싶네요. 그리고 매일 동기들과의 술자리로 토실토실해진 몸을 다듬기 위해 운동도 해야 할 것 같고요. 이렇게 쓰다 보니 마치 수능이 끝나고 난 후 무엇을 할까 수첩에 적어 내려가던 여고 시절이 떠오르네요.

Q 마지막 한마디!

100세 시대, 지금이 바로 2년을 투자할 때입니다. 지금 이 시간이 남은 일생을 바꿀 수 있어요. 함께할 인생 친구는 덤이고요.

박성연 spark7@yonsei.ac.kr

Q 졸업 후 계획은요?

MBA에서 학력을 업그레이드하고 이직을 하거나 자신만의 일을 하겠다는 포부를 가진 원우를 많이 봤습니다. 실제로 더 좋은 조건으로 이직하는 경우도 있었고요. 하지만 저는 지식과 경험을 좀 더 쌓고 회사에서 업무적으로 좀 더 업그레이드해보겠다는 소박한 목표로 MBA에 진학한 것이라 아직 원대한 꿈은 없어요. 그래도 지금까지는 다니는 회사가 전부였다고 생각했다면 이제는 회사 밖에도 할 일이 많다는 것을 보았죠. 또 자신과 업무를 한정 짓기보다는 좀 더 열린 마음을 가질 수 있게 되었습니다. 어디에든 제가 할 일은 있겠죠!

Q 마지막 한마디!

스무 살 대학생으로 다시 돌아가는 기분, 어게인 캠퍼스의 낭만!

주선하 jsun@chosun.com

Q 졸업 후 계획은요?

MBA 재학 중에 경영기획실에서 재경국으로 부서를 옮기게 되면서, 마지막 학기에 금융·재무 관련 수업을 집중적으로 수강했습니다. 학교에서 배운 지식을 발판 삼아 맡은 분야에서 전문성을 쌓을 수 있도록 졸업 후에도 꾸준히 공부하며 성장하고 싶습니다.

더불어 MBA 과정을 통해 만난 분들과도 꾸준히 교류하며 좋은 영향을 주고받을 수 있었으면 좋겠습니다. 원우들에게 배우며 시작한 골프와 투자에서도 내공을 쌓고 싶습니다. 시간을 밀도 있게 쓰던 2년간의 생활 습관을 유지해 졸업 후에도 자기계발과 네트워킹을 꾸준히 해나가고 싶습니다.

Q 마지막 한마디!

MBA 2년은 여러분에게 학비보다 값진 추억과 네트워크를 만들어줄 것입니다. 할까 말까 고민한다면 주저 없이 해보고 모든 순간을 후회 없이 즐기셨으면 좋겠습니다.

더 늦기 전에 MBA 가면 어때요?

Q 졸업 후 계획은요?

MBA 과정을 밟는 2년간 정말 열심히 살고 있음을 느꼈습니다. 주업야독일지, 주업야주일지 모르겠지만 무엇이든 최선을 다했어요. 주변에 롤 모델로 삼고 싶을 만큼 뛰어난 원우들과 함께 공부하다 보니 그들에게 조금이라도 더 배우려, 뒤처지지 않으려 노력했기 때문인 것 같네요.

졸업 후에도 지금의 마음가짐으로 스스로 성장을 위해 여러 계획을 세워보고 있습니다. 이를테면 업무 관련 자격증이 될 수도 있겠고, 업무와 연관시킬 수 있는 다른 기술의 영역이 될 수도 있겠죠. 내년에도 무조건 새로운 무언가를 배우고 있을 예정입니다. 그리고 학업에 국한된 건 아니지만 MBA에서 배운 내용에 대해 곱씹는 과정도 필요할 것 같습니다. 아, 가장 중요한 걸 잊었네요. 우선 운동해서 살부터 빼도록 하겠습니다.

Q 마지막 한마디!

MBA에서 보낸 시간이 그리울 것 같아요. 많이 배우고, 많이 즐겼고, 많이 먹었습니다. 여러분의 MBA도 졸업 후에 그리워할 수 있는 시간이 되길 기원합니다.

❓ 졸업 후 계획은요?

먼저 MBA에서 배운 몇 가지를 제 업무에 시험적으로 도입해보려고 합니다. 모든 강의가 다 해당된다면 거짓말이겠죠. 부끄럽게도 매 강의를 자신 있게 이해했다고 말하지도 못하겠지만, 띠엄띠엄 졸린 눈과 닫힌 귀를 번쩍 여는 순간들이 있었으니까요.

또 MBA 때문에 2년간 미뤄오고 줄여왔던 것들을 다시 시작할 계획입니다. 사실 평일 중 3~4일씩 퇴근 후 시간을 오롯이 강의에 쏟는 것은 꽤 기회비용이 컸어요. 수능 마친 고3처럼, 휴가 나온 말년병장처럼 당분간 저녁 시간을 오롯이 누리고 싶습니다.

마지막으로 MBA를 졸업한 다른 동기들이 어떤 계획을 세우고 실천을 할지 관찰해보려고 해요. 그래서 졸업하고도 종종 만나야 할 것 같고, SNS도 본격적으로 해볼 예정입니다. MBA 전과 후가 달라진 사람, 가던 길을 계속 가기로 한 사람도 모두 살펴보고, 조금 느리더라도 늦지는 않게 제 계획을 세워보려고 합니다.

❓ 마지막 한마디!

2년은 정말 빨리 갑니다. 학교 안보다 밖에서 더 많은 시간을 보내시길 바랍니다!

연세MBA 11인, 바로 여기에

"책을 한 번 써볼까요?"

조원들과 함께 전주 여행을 다녀오던 어느 비 오는 일요일, 고속도로 위에서 출판을 위한 모임이 탄생했습니다. 처음부터 책을 쓸 계획이 있었던 것은 아니에요. 단지 평범한 직장인이던 아버지께서 집필하시던 모습을 보았기에 책을 쓴다는 것에 대한 심리적인 허들이 조금은 낮아졌어요. 머리말에 짤막하게 제 이름이 들어간 아버지의 책이 서점 진열대에 놓여 있는, 어쩐지 자랑스럽던 어린 시절의 기억도 있죠. 이런 마음에서 마침 필요했지만 없었던 책을 써보자는 계획을 하게 되지 않았을까 생각해봅니다.

처음 MBA에 지원하면서, 임원진만 가는 줄 알았던 MBA에서는 과연 무엇을 배우는지 궁금했고, 먼저 졸업한 분들의 가벼운 수기 등을 찾아보고 싶은 마음에 서점에 방문했던 기억이 나네요. 각종 뉴스나 신문, 임원진 이력 등에서 자주 언급되던 것과는 달리 MBA에 관한 책이 그리 많지 않았어요. 그나마 몇 권 있는 책도 고위급 임원을 대상으로 한 e-MBA 관련 혹은 출간된 지 10년이 넘은 책들뿐이었죠.

결국 관련 정보를 얻기 위해 인터넷 카페 등을 검색할 수밖에 없었어요. 그러나 인터넷 카페에서도 MBA 카테고리는 정보량이 적은 축에 속했고 수기 등은 아예 없었어요. 지금 생각해보면 과제나 업무로 바쁜 와중에 인터넷에 글을 남길 시간이 없었나 싶네요. 필요는 발명의 어머니라고 하잖아요? 찾으러 갔던 책이 없다는 사실에 '내가 한 번 써볼까?'라는 생각이 번뜩였습니다. 그렇지만 "책은 무슨 책이냐?"라는 친구의 핀잔에 자연스레 잊고 지냈어요.

다시 전주에서 돌아오는 고속도로 위, 갑작스러운 폭우로 인해 고속도로는 꽉 막혀 있었고, 한창 이런저런 이야기를 하던 와중에 문득 책에 대한 기억이 떠올랐습니다. 가볍게 던진 이야기는 의외로 반응이 좋았고, 주변의 긍정적인 반응에 힘입어 책을 쓰자는 아이디어는 탄력을 받고 금세 진행되기 시작했어요.

출판사와 계약하고, 대표님과 담당 팀장님을 만나 컨셉을 잡으며 논의했던 기억이 나네요. 각자 분량을 나눠 작업을 진행하던 와중에 담당 팀장님이 변경되기도 했죠. 공동 저자가 많은 일종의 팀 프로젝트인 관계로 인터넷 카페 및 화상 회의를 통해서도 아이디어를 공유했습니다. 고백하자면 아이디어를 내고 출판사를 물색하기는 했지만 스스로 중심 역할을 담당할 생각까지는 전혀 없었어요. 하지만 자연스레 그런 역할을 담당하게 되었네요. 생각해보면 제가 하자고 제안해놓고 도대체 누구한테 떠넘길 생각이었나 싶기도 해요.

입사 시점부터 세무팀에서 오랜 기간 근무하며 논의나 취합 같은 업무보다는 검토 및 공지 같은 업무를 담당하던 입장에서, 집필과 편집 작업은 낯선 업무(?)이기도 했습니다. 제때 모두의 자료를 취합한다는 것이 얼마나 공을 들여야 하는 일인지, 직접 만나지 않고 회의를 진행했을 때 논의된 내용을 모두에게 정확하게 공유하는 것이 얼마나 어려운 일인지 새삼 깨닫는 기회이기도 했어요.

처음 작업을 시작한 이후로 어느덧 시간이 많이 지났습니다. 그동안 글을 작성하고 취합하면서 책에 대한 생각도 참 많이 바뀐 것 같네요. 어떤 날은 이런 책이 있었으면 나도 진작 샀을 것

더 늦기 전에 MBA 가면 어때요?

이라 스스로 뿌듯하다 가도, 또 어떤 날은 이런 걸 책이라도 내도 되는지 의문이 들기도 했어요. 전날 밤 실컷 갈아엎어서 수정하고 다음 날 아침에 다시 읽으면 왜 그리 마음에 들지 않는 부분이 많은지 참 신기하기도 했습니다.

그런 고민 속에 작성한 글을 다시 읽고, 또 읽고, 수정하기를 반복하면서 드디어 최종 원고를 제출했어요! 물론 지금도 담당 팀장님의 검토 피드백을 기다리며 다시 또 수정을 반복하다 보니 어느덧 새벽 5시이지만요. 그래도 어쩐지 출간까지 몇 걸음 남지 않은 것 같아 마음은 개운합니다. 미숙한 원고지만 출판사의 훌륭한 전문가들과 함께라면 멋진 결과물로 변신할 수 있을 것 같은 기대감이 무럭무럭 자라나고 있습니다.

이 책에 들인 노력만큼, MBA가 궁금한 분들의 물음표를 조금이나마 느낌표로 바꿔줄 수 있는 그런 책이 되기를 바랍니다. 더불어 처음 책을 쓰기로 했던 이유 그대로 졸업 후에도 학교 외에 우리 조원들이 추억할 수 있는 타임캡슐이 될 수 있다면 좋겠습니다.

이 자리를 빌어 각자 바쁜 일정에도 책을 써보자는 허무맹랑한 제안을 수락하고 함께해준 조원들에게 감사의 인사를 전합니다. 정말 감사합니다.

_전선함

더 늦기 전에
MBA 가면 어때요?

초판 1쇄 발행 2021년 10월 28일

지은이 국승운 김준이 김성식 김태윤 문은영 민복기 배고은 박성연 주선하 전선함 김회택
펴낸곳 원앤원북스
펴낸이 오운영
경영총괄 박종명
편집 최윤정 이광민 김상화
디자인 윤지예
마케팅 송만석 문준영 이지은
등록번호 제2018-000146호(2018년 1월 23일)
주소 04091 서울시 마포구 토정로 222 한국출판콘텐츠센터 319호 (신수동)
전화 (02)719-7735 | **팩스** (02)719-7736
이메일 onobooks2018@naver.com | **블로그** blog.naver.com/onobooks2018

값 16,000원
ISBN 979-11-7043-257-9 03320